Loyauté et deloyauté

Ceux qui
PRÉTENDENT

DAG HEWARD-MILLS

Parchment House

Même si les événements décrits dans ce livre ont effectivement eu lieu, certains détails écrits peuvent avoir été modifies afin de protéger et dissimuler l'identité des personnes pour éviter les blessures et les offenses. Toute ressemblance avec une personne décrite dans ce livre est une pure coïncidence. Sauf indication contraire, toutes les citations bibliques sont tirées de la version Louis Segond de la Bible.

Copyright © 2014 Dag Heward-Mills

Titre original : *Those Who Pretend*
publié pour la première fois en 2011
par Parchment House

Traduit par : Professional Translations, Inc.
Version française publiée pour la première fois en 2011
Troisième impression en 2015
par Parchment House

ISBN : 978-9988-8501-8-0

Cette edition publiée par Parchment House 2014

Traduit par : Arlette Mbarga

Pour savoir plus sur Dag Heward-Mills
Campagne Jésus qui guérit
Écrivez à : evangelist@daghewardmills.org
Site web : www.daghewardmills.org
Facebook : Dag Heward-Mills
Twitter : @EvangelistDag

ISBN : 978-9988-8572-3-3

Tous droits de traduction, de reproduction et d'adaptation réservés pour tous pays. À l'exception des analyses et citations courtes, toute exploitation ou reproduction même partielle de cet ouvrage est interdite sans l'autorisation écrite de l'auteur.

Table des matières

Introduction iv
1. L'esprit d'un simulateur 1
2. Comment détecter les simulateurs déloyaux 12
3. Intimidation et la déloyauté 42
4. Comment l'intimidation peut vous empêcher
   de prêcher 58
5. Pourquoi vous ne devriez pas être intimidé 63
6. Sept choses que vous devez savoir à propos de
   la confusion 67
7. Qu'est-ce que la familiarité ? 78
8. Quatre groupes qui sont prédisposés à la familiarité 85
9. Douze signes de familiarité 88
10. Sept manières de faire face à la familiarité 94

Introduction

Il y a beaucoup de choses qui ne semblent pas être de la déloyauté, mais qui sont de la déloyauté. Ce sont les formes d'attitudes et de comportements qui produisent la trahison et la déloyauté. Il est important de connaître ces choses parce qu'elles sont souvent les précurseurs de graves crises de leadership.

Satan est source de confusion dans la maison du Seigneur et l'utilise pour provoquer des éléments déloyaux dans l'église. Beaucoup de gens utilisent le prétexte, la familiarité et leur pouvoir d'intimidation afin d'être déloyaux.

Chapitre 1

L'esprit d'un simulateur

1. Celui qui prétend porte l'esprit d'un acteur.
2. Celui qui prétend a une personnalité fausse et pourrie.
3. Celui qui prétend porte l'esprit d"hypocrisie et de déloyauté.
4. Celui qui prétend porte l'esprit d'espionnage et des services secrets modernes.
5. Celui qui prétend porte l'esprit du mensonge et de la tromperie.
6. Celui qui prétend porte l'esprit de destruction imminente. Si celui qui prétend est près vous, vous êtes en danger.
7. Celui qui prétend porte l'esprit d'un meurtrier parce que presque tous les prétentieux sont destructeurs et meurtriers.

LES PRINCIPAUX SIMULATEURS DE LA BIBLE

1. DALILA ÉTAIT UNE SIMULATRICE. Dalila faisait sem-blant d'aimer Samson. Elle le réconforta, elle le fit se détendre, s'étendre sur ses genoux. En fin de compte, il a été révélé qu'elle était une menteuse, une trompeuse et une meurtrière.

Plus tard, Samson tomba amoureux d'une femme nommée Dalila qui habitait dans la vallée de Soreq. Les princes des Philistins vinrent la trouver et lui dirent: « Enjôle-le, et tâche de découvrir d'où lui vient sa force extraordinaire et comment nous pourrions réussir à le ligoter pour le maîtriser. Chacun de nous te donnera onze cents pièces d'argent.»

Dalila demanda à Samson : « Dis-moi, je te prie, d'où te vient ta grande force et avec quoi il faudrait te lier pour te maîtriser. » Dalila comprit qu'il lui avait révélé son secret. Elle fit prévenir les princes des Philistins en leur disant : « Venez, car cette fois-ci, il m'a dit son secret ».

Ils se rendirent chez elle avec l'argent promis. Elle endormit Samson sur ses genoux, puis appela un homme pour lui couper les sept tresses de sa tête. Ainsi elle commença à le maîtriser, car il perdit sa force. Puis elle cria : « Samson ! Les Philistins t'attaquent ! » Il se réveilla de son sommeil et se dit : « Je m'en tirerai comme les autres fois et je me dégagerai » Mais il ne savait pas que l'Eternel s'était détourné de lui. (Juges 16:4-6 ; 18-20 ; Bible du Semeur).

2. **JUDAS ÉTAIT UN SIMULATEUR. Judas faisait semblant d'être un fidèle disciple de Jésus-Christ. En fin de compte, il a été révélé qu'il était un traître, trompeur et un meurtrier.**

C'est alors que Satan entra dans le cœur de Judas surnommé l'Iscariote, l'un des Douze. Judas alla trouver les chefs des prêtres et les officiers de la garde du Temple pour s'entendre avec eux sur la manière dont il leur livrerait Jésus. Ils en furent tout réjouis et convinrent de lui donner de l'argent. Il accepta et, dès lors, il chercha une occasion favorable pour leur livrer Jésus à l'insu de la foule.

Après avoir ainsi prié, il se releva et s'approcha de ses disciples. Il les trouva endormis, tant ils étaient accablés de tristesse.

« Pourquoi dormez-vous ? leur dit- il. Debout ! Et priez pour ne pas céder à la tentation. » Il n'avait pas fini de parler, quand toute une troupe surgit. A sa tête marchait le nommé Judas, l'un des Douze. Il s'approcha de Jésus pour l'embrasser. MAIS JÉSUS LUI DIT : « JUDAS, C'EST PAR UN BAISER QUE TU TRAHIS LE FILS DE L'HOMME ! » (Luc 22:3-6 ; 45-48 Bible du Semeur).

L'esprit d'un simulateur

3. **ABSALOM ÉTAIT QUELQU'UN QUI PRÉTENDAIT.** **Absalom faisait semblant d'aimer son frère quand il l'a invité pour une fête.** En fin de compte, il a été révélé que la fête était une farce. La soi-disante fête était juste une stratégie pour tuer son frère Amnon.

Quant à Absalom, il n'adressait plus la parole à Amnôn, ni en bien, ni en mal, car il l'avait pris en haine à cause du viol de sa soeur Tamar.

Deux ans plus tard, Absalom avait les tondeurs à Baal-Hatsor, près d'Ephraïm. Il invita tous les fils du roi. Il se rendit chez le roi et lui dit : « Tu sais que ton serviteur fait tondre ses moutons ; que le roi et ses hauts fonctionnaires veuillent bien venir chez ton serviteur ! » Mais le roi lui répondit : « Non, mon fils, nous n'allons pas tous venir, ce serait une trop lourde charge pour toi ! » Absalom insista, mais le roi refusa l'invitation et lui donna simplement sa bénédiction. Absalom reprit : « Si tu ne veux pas venir, permets au moins à mon frère Amnôn de nous accompagner. »

Le roi lui dit : « Pourquoi t'accompagnerait-il ? » Mais Absalom insista tellement que David laissa partir avec lui Amnôn et tous les autres fils du roi. Absalom donna des ordres à ses serviteurs en disant : « Quand vous verrez qu'Amnôn sera égayé par le vin, et que je vous dirai : « Frappez Amnôn ! » vous le tuerez. Ne craignez rien, car c'est moi qui en prends la responsabilité. Ayez du courage et soyez forts ! » Les serviteurs d'Absalom exécutèrent les ordres de leur maître et tuèrent Amnôn. Aussitôt, tous les autres fils du roi se levèrent de table, enfourchèrent chacun son mulet et prirent la fuite. (2 Samuel 13:22-29, Bible du Semeur).

4. **JAËL ÉTAIT UNE SIMILATRICE. Elle a trompé Sisera le commandant de l'armée cananéenne . Elle lui a dit ne pas avoir peur et l'a encouragé à entrer et à se reposer. Jaël a assassiné Sisera brutalement en tapant un clou dans sa tête. Peu d'hommes pourraient être en mesure**

de faire quelque chose d'aussi horrible. La dame, douce, réconfortante, prétentieuse était en fait une tueuse. Wow !

SISERA S'ENFUIT À PIED JUSQU' À LA TENTE DE YAËL, LA FEMME DE HEBER, le Qénien, car la paix avait été conclue entre Yabîn roi de Hatsor et la famille de Héber. Yaël sortit à la rencontre de Sisera et lui dit : « Entre, mon seigneur, retire-toi chez moi. Tu n'as rien à craindre ici. » Il la suivit donc dans sa tente, et elle le recouvrit d'une couverture.

« Donne- moi, s'il te plaît, un peu d'eau à boire, lui dit-il, car j'ai soif. » Elle ouvrit l'outre de lait, le fit boire et le recouvrit. Il ajouta : « Va te poster à l'entrée de la tente, et si l'on vient te demander s'il y a quelqu'un ici, tu répondras : « Personne ! » Puis il s'endormit profondément car il était épuisé. » ALORS JAËL SAISIT UN PIQUET DE LA TENTE, PRIT LE MARTEAU, SE GLISSA DOUCEMENT PRÈS DE LUI, ET LUI ENFONÇA LE PIQUET DANS LA TEMPE, et le piquet lui transperça la tête et se planta dans le sol, si bien qu'il mourut. (Juges 4:17-21, Bible du Semeur).

5. **HUSHAÏ ÉTAIT UN SIMULATEUR. Hushaï faisait semblant d'être du côté d'Absalom. Il a fait semblant de donner de bons conseils, en expliquant chaque point avec de bonnes raisons. En fait, Hushaï travaillait pour le roi David et avait été mis dans le palais d'Absalom pour aider le roi David de l'intérieur.**

Lorsque David eut atteint le sommet de la colline où l'on adore Dieu, Houchaï l'Arkien, son conseiller personnel, vint à sa rencontre, son vêtement déchiré et la tête couverte de poussière.

David lui dit : « Si tu me suis, tu me seras à charge. Mais si, au contraire, tu retournes à la ville et si tu dis à Absalom : « Je suis ton serviteur, ô roi ! J'ai été jusqu'ici au service de ton père, mais maintenant c'est toi que je veux servir », tu pourras contrecarrer en ma faveur les conseils d'Ahitophel. De plus, tu auras l'appui des prêtres Tsadoq et Abiatar. Tu leur rapporteras tout ce que tu apprendras au palais royal. (2 Samuel 15:32-35)

LORSQUE HOUCHAÏ L'ARKIEN, L'AMI DE DAVID, ARRIVA AUPRÈS D'ABSALOM, IL S'ÉCRIA : « VIVE LE ROI, VIVE LE ROI ! » Absalom lui dit : « C'est là toute l'affection que tu as pour ton ami ? Pourquoi n'es-tu pas allé avec lui ? » Houchaï lui répondit : « Non, je me rallie à celui qui a été choisi par l'Eternel, par ce peuple et par tous les soldats d'Israël, et je veux rester de son côté. D'ailleurs, qui est- ce que je vais servir ? N'est-ce pas son fils ? Comme j'ai été le serviteur de ton père, ainsi je serai le tien. » Alors Absalom dit à Ahitophel : « Tenez conseil ensemble. Que dois-je faire ? » (2 Samuel 16:16-20, Bible du Semeur)

6. **LES FRÈRES DE DINAH ETAIENT DES SIMULATEURS. Ils prétendaient accepter la proposition de Sichem d'épouser leur sœur. En fait, ils avaient l'intention d'assassiner le village entier.**

Dina, la fille que Léa avait donnée à Jacob, sortit pour aller voir les filles du pays. Sichem, fils de Hamor le Hévien qui gouvernait la région, la remarqua : il l'enleva et coucha avec elle en lui faisant violence. Il s'attacha à Dina, la fille de Jacob, en tomba amoureux et chercha par ses paroles à conquérir le cœur de la jeune fille. Il dit à son père Hamor : « Obtiens-moi cette jeune fille pour femme. » Sichem, de son côté, s'adressa au père et aux frères de la jeune fille : « Faites-moi cette faveur ! Je vous donnerai ce que vous me demanderez. Exigez de moi une forte dot et des présents. Je vous donnerai ce que vous me demanderez ; accordez-moi seulement la jeune fille pour épouse. »

PARCE QU'ON AVAIT DÉSHONORÉ LEUR SŒUR DINA, LES FILS DE JACOB USERÈNT DE RUSE EN RÉPONDANT À SICHEM ET À HAMOR, SON PÈRE, EN CES TERMES : « Il ne nous est pas possible de donner notre sœur à un homme incirconcis; ce serait un déshonneur pour nous. NOUS NE VOUS DONNERONS NOTRE CONSENTEMENT QU'À LA CONDITION QUE, COMME NOUS, VOUS FASSIEZ CIRCONCIRE TOUS CEUX QUI SONT DU SEXE MASCULIN PARMI VOUS. ALORS NOUS VOUS DONNERONS NOS FILLES EN MARIAGE et nous épouserons les vôtres, nous nous établirons chez vous et nous formerons un seul peuple. Par contre, si vous n'acceptez pas de vous faire circoncire, nous reprendrons notre fille et nous nous en irons.»

Hamor et son fils Sichem acceptèrent cette proposition, Alors tous ceux qui se trouvaient à la porte de la ville se laissèrent convaincre par Hamor et son fils Sichem, et tous les hommes et les garçons qui se trouvaient dans la ville furent circoncis. LE TROISIÈME JOUR, ALORS QU'ILS ÉTAIENT SOUFFRANTS, DEUX DES FILS DE JACOB, SIMÉON ET LEVI, LES FREÈRES DE DINA, PRIRENT CHACUN SON ÉPÉE, ET TOMBÈRENT SUR LA VILLE QUI SE CROYAIT EN SECURITÉ. ILS TUÈRENT TOUS LES HOMMES ET LES GARÇONS. Ils tuèrent aussi Hamor et son fils Sichem, reprirent Dina de la maison de Sichem et partirent. Les autres fils de Jacob vinrent achever les blessés et pillèrent la ville, parce qu'on avait déshonoré leur sœur. (Genèse 34:1-4 ; 11-18 ; 24-27, Bible du Semeur).

7. **LES GABAONITES ÉTAIENT DES SIMULATEURS.**
   Ils ont fait comme s'ils étaient des ambassadeurs qui étaient venus d'un pays lointain.

Par contre, les habitants de Gabaon, en apprenant comment Josué avait traité Jéricho et Aï, décidèrent de recourir à la ruse : ILS PARTIRENT DÉGUIÉS ET CHARGÈRENT LEURS ANES DE SACS USÉS ET D'OUTRES À VIN USÉES, TROUÉES ET RAPIÉCÉES. Ils chaussèrent de vieilles sandales raccommodées et endossèrent des vêtements en lambeaux ; ils prirent en guise de provision du pain dur et tout moisi. Ils se rendirent ainsi au camp de Guilgal et vinrent trouver Josué auquel ils dirent en présence des hommes d'Israël : « Nous arrivons d'un pays lointain pour vous prier de conclure une alliance avec nous. » Les Israélites répondirent à ces Héviens : « Qui sait si vous n'êtes pas des habitants du voisinage ? Dans ce cas, nous ne pouvons pas conclure une alliance avec vous. » Ils déclarèrent à Josué : « Nous voulons être tes serviteurs ».

« Mais qui êtes-vous, leur demanda Josué, et d'où venez-vous ? » Ils lui répondirent : « Tes serviteurs viennent d'un pays très éloigné à cause du renom de l'Eternel ton Dieu : nous avons entendu parler de lui et de tout ce qu'il a fait en Egypte, et comment il a traité les deux rois des Amoréens qui régnaient de l'autre côté du Jourdain, Sihôn, roi de Hechbôn, et Og, roi du Basan, qui résidait à Achtaroth. Alors nos responsables et tous les habitants de notre pays nous ont dit : Emportez des provisions pour le voyage, allez trouver les Israélites et dites-leur : Nous voulons être vos serviteurs, concluez une alliance avec nous.' Regardez notre pain, il était encore tout chaud quand nous l'avons pris pour nos provisions dans nos maisons, quand nous nous sommes mis en route pour venir vous trouver et le voilà maintenant dur et tout moisi ! Regardez nos outres de vin : elles étaient neuves quand nous les avons remplies, les voilà maintenant déchirées ; voyez comme nos vêtements et nos sandales se sont usés à cause du long voyage que nous avons fait. »

Les hommes d'Israël prirent de leurs provisions, mais ils ne consultèrent pas l'Eternel à ce sujet. Josué fit la paix avec eux et conclut une alliance leur garantissant la vie sauve par un serment des responsables de la communauté. TROIS JOURS APRÈS AVOIR CONCLU CETTE ALLIANCE AVEC EUX, LES ISRAELITES APPRIRENT QU'ILS AVAIENT EU AFFAIRE À DE PROCHES VOISINS QUI DEMEURAIENT DANS LA RÉGION MEME. (Josué 9:3-16, Bible du Semeur).

Comment dévoiler des gens qui prétendent

Chaque dirigeant fera face à la menace des gens qui prétendent chevronnés. Beaucoup de gens sont de faux acteurs qui prétendent être fidèles quand ils sont en fait vos ennemis. Ce livre est destiné à vous aider à être conscient de la présence des gens autour de vous qui font constamment semblant d'être ce qu'ils ne sont pas. Ne soyez pas trompé par les gens aux visages doux avec des sourires timides qui semblent admirer toutes vos décisions. Beaucoup de ces gens font semblant. Vous devez aller plus loin et découvrir la vérité sur tout le monde autour de vous. Attention à ceux qui ne parlent pas beaucoup. Ce sont eux qui ont beaucoup à cacher.

Les gens qui ne disent rien quand ils sont en votre présence, mais parlent beaucoup quand ils sont loin de vous, sont de bons exemples de ceux qui prétendent. Pourquoi une image quand vous êtes près et une autre image lorsque vous êtes loin ?

Samson était en grand danger quand il se détendit en présence d'une femme qui prétendait. Donc, vous serez également en grand danger quand vous détendez dans la présence de faux partisans qui ne vous aiment pas vraiment ! La plupart des gens qui prétendent sont des gens très dangereux et peuvent conduire à la pire des crises dans votre ministère. Vous ne devez pas être trop confiant et ouverts à ces personnes calmes et inconnues. La bible nous enseigne à éprouver toutes choses et de retenir ce qui est bon.

Alors, comment êtes-vous censé dévoiler et découvrir les gens qui prétendent qui ne disent pas ce qu'ils pensent ? La réponse est simple ! De la même manière que les médecins trouvent des maladies dans le foie, l'estomac, le pancréas et d'autres organes. (Rappelez-vous, les organes de votre corps ne parlent pas).

Comment les médecins trouvent ces choses ? En apprenant à connaître les symptômes et les signes qui signifient beaucoup de choses. Chaque symptôme ou signe dans le corps peut conduire à un diagnostic important. De même, chaque symptôme que vous remarquez en une personne peut conduire au diagnostic important, celui que vous avez affaire à quelqu'un qui prétend. Méfiez-vous des signes et symptômes de celui qui prétend ! Comme un médecin, croyez aux signes et symptômes. Ne faites pas confiance à ce que vous voyez. Regardez au-delà de l'image parfaite qui vous est présenté et voyez le réel. Vous devez juger par les actions et non par la présentation. Si vous autorisez celui qui prétend à s'épanouir dans votre milieu, vous entretenez un traître potentiel et meurtrier. Regardons quelques symptômes et les signes qui sont importants pour identifier des gens qui prétendent.

Les symptômes et les signes d'un simulateur

1. **Remarquez les gens qui sont trop calmes !** Ils pourraient être des gens qui prétendent. Les gens tranquilles sont dangereux. Toutes leurs pensées positives et négatives sont stockées en eux. Ils sont encore debout et regardent tranquillement avec un air maigre et affamé dans leurs yeux. Vous devez développer une peur adéquate et le respect pour les gens tranquilles !

2. **Remarquez les gens qui semblent avoir deux tempéraments en fonction des gens avec qui ils sont.** Quand ils sont avec d'autres, ils sont sanguins, joviaux, bavards et amicaux. Quand ils sont en votre présence, ils sont calmes, sérieux, pensifs et mélancoliques. Est-ce que ce genre de personne a deux tempéraments ? Ou peut-être qu'ils font semblant d'être autre chose quand ils sont en votre présence ?

3. **Remarquez les gens qui sont trop parfaits et dignes dans leur présentation d'eux-mêmes.** Ces gens ont une image de justice, perfection, d'ordre et de sainteté. Souvent, c'est une façade des choses cachées et des secrets sombres. Alors qu'elle vous regarde à travers leurs lunettes, vous ne pouvez pas imaginer les activités ignominieuses auxquelles elle peut s'engager quand elle en a envie.

4. **Remarquez les gens qui sont trop gentils.** Comment peut-il se faire que vous êtes toujours souriant et enjoué en toutes circonstances ? N'êtes-vous jamais triste ? N'êtes-vous jamais malheureux? Êtes-vous toujours aux anges et animé ? Cela ne peut pas être le cas.

    Méfiez-vous des gens qui semblent avoir un sourire immuable constant sur leurs visages. Évidemment, quand les pensées négatives viennent dans l'esprit de ce genre de personne, il y aura toujours un sourire sur leurs visages. Vous ne pouvez jamais deviner leurs mauvaises pensées envers vous en regardant leurs visages parce qu'ils seront toujours souriants. En effet, leurs sourires sont devenus des masques. Vous avez besoin de regarder un peu plus près et vous découvrirez les vrais sentiments au sein de ces individus agréables.

5. **Remarquez les personnes qui utilisent beaucoup de maquillage et prennent beaucoup de temps à s'habiller.** Ces personnes ont développé l'art de faire semblant. Elles sont expertes à couvrir la personne réelle et présentent une image fausse et irréelle à un frère innocent. Plus le frère est naïf, innocent et inexpérimenté, plus il est emporté par la présentation de cette beauté apparente. Peu sait-il que quatre-vingt dix pour cent de la beauté est artificielle et elle a pris beaucoup de temps pour se préparer. Les nouveaux maris sont parfois choqués quand ils découvrent que leur jolie mariée est de vingt pour cent de ce qu'ils pensaient qu'elle n'était. Les cils sont faux, les ongles sont faux, les sourcils sont faux, les dents sont fausses, les seins sont ajustés, les derrières sont élargis et la peau est plâtrée. Lorsque toutes ces choses sont finalement retirées et la mauvaise attitude, la paresse et l'impolitesse se révèlent aussi, le mariage est prêt pour un voyage vraiment orageux.

6. **Remarquez les personnes qui ne veulent pas s'engager.** Remarquez les gens qui ne disent rien de bon ni de mauvais. Ce n'est pas possible que vous n'ayez jamais rien de bon à dire. Ce n'est pas possible que vous n'avez jamais rien de négatif à dire. Vous devez avoir quelque chose dans votre esprit.

L'esprit d'un simulateur

Méfiez-vous des gens qui sont sans engagement. J'ai remarqué que les gens qui disent : « Je ne suis ni ici ni là » effectivement appartiennent à un endroit.

Absalom n'a pas assez parlé. Absalom ne dit rien de bon ni de mauvais par rapport à sa sœur qui avait été violée. Comment cela pourrait-il être possible ? Qu'il n'avait même pas un mauvais commentaire à passer ?

7. **Remarquez les gens qui ont beaucoup de relations et des rapports avec le sexe opposé.** Ces gens sont habitués à charmer le sexe opposé, surtout les innocents et inexpérimentés. Les hommes ont tendance à apprendre ce que les femmes aiment et apprennent à leur parler de façon convaincante. Les femmes ont aussi tendance à apprendre ce que les hommes aiment et ce qui marche chez eux. Avec le temps, sans croire à ce que vous dites, vous apprenez à dire des mots de tromperie et à jouer le rôle parfaitement de celui qui prétend.

Chapitre 2

Comment détecter les simulateurs déloyaux

Que la charité soit sans HYPOCRISIE. Ayez le mal en horreur; attachez-vous fortement au bien.

Romains 12 : 9

Simuler c'est faire semblant. Beaucoup de gens cachent leurs véritables motivations et pensées sous l'apparence. Un simulateur parle et agit de manière hypocrite.

La simulation c'est déguiser et cacher vos sentiments réels sous de fausses apparences. La dissimulation ou l'affectation est fréquente chez les chrétiens aujourd'hui.

La prétention est plus fréquente dans les pays où les gens ont tendance à montrer beaucoup de respect extérieur. Dans de telles cultures, les gens continuent à démontrer une marque de respect, même quand ils ne le ressentent pas véritablement.

Vous devez apprendre à ne pas faire confiance aux gens qui couvrent leur aversion pour vous par la supercherie.

Lorsqu'il prend une voix douce, ne le crois pas, Car il y a sept abominations dans son cœur. La haine de qui est couvert par la supercherie [...]

Proverbes 26 : 25

Dix-huit caractéristiques des simulateurs

1. **Les simulateurs sont angéliques. Ils sont trop beaux pour être vrais.**

Et cela n'est pas étonnant, puisque Satan lui-même se déguise en ANGE de lumière.

2 Corinthiens 11 : 14

Comment une personne peut elle être si angélique ? Comment une personne peut elle être si agréable ?

Les trompeurs sont tellement gentils qu'il est parfois incroyable qu'une personne puisse être si gentille et agréable. Méfiez-vous des gens qui sont tellement gentils, polis, attrayants et agréables. Existe-t-il quelqu'un qui sourit tout le temps, n'est jamais triste et n'est jamais bouleversé par quelque chose ?

Le diable n'est pas seulement présent comme un ange mais comme un ange de lumière. Il semble lumineux et glorieux, saint et attrayant. Quoi de mieux ? Comment les gens peuvent-ils se laisser attraper et parfois se marier avec le plus laid des personnages ? Les personnages laids élaborent des stratégies qui les font ressembler à des anges.

Un jour, un jeune homme vint à l'église avec une belle jeune fille. Il avait trouvé cette jolie princesse et il voulait l'épouser de toute urgence. Cette fille était d'une beauté exceptionnelle et elle se distinguait parmi les dames. N'importe qui aurait été attiré par elle.

Mais vous devez faire attention quand cela semble trop beau pour être vrai et trop agréable pour être réel. Il y a toujours quelque chose de pas si parfait dans ces personnages angéliques. En effet, tous les hommes ont mangé du fruit de l'arbre du bien et du mal. Cela signifie qu'il y a toujours quelque chose de bon dans le pire des hommes et du mal dans le meilleur des hommes.

Ce jeune pasteur est allé de l'avant et a épousé la belle princesse. En moins de trois mois, je me suis aperçu qu'ils venaient à l'église pour certains conseils particuliers. En effet, les problèmes ont commencé peu après le mariage. Un jour, cette belle mariée a décidé de devenir membre d'une autre église, même si son mari était le pasteur de sa propre église.

Le dimanche, il était tellement gêné quand son épouse allait à une autre église. La belle princesse était impossible à contrôler ou guider. Une chose en amena une autre, jusqu'à ce qu'ils aient vécu le plus entêté des divorces.

En fin de compte, la belle princesse n'était pas aussi belle qu'elle le paraissait. Demandez-vous toujours, « Cela peut-il être aussi bon qu'il le paraît ? N'y a t-il pas autre chose que je ne sais pas ? » L'homme prudent voit le mal à l'avance, mais l'homme insensé ne voit pas de mal.

2. **Les simulateurs ont des choses dans leurs passés qui ne sont pas en harmonie avec ce qu'ils affirment.**

Elle lui dit : « Comment peux-tu dire : « Je t'aime ! » puisque ton cœur n'est pas avec moi ? Voilà trois fois que tu t'es joué de moi, et tu ne m'as pas déclaré d'où vient ta grande force. »

Comme elle était chaque jour à le tourmenter et à l'importuner par ses instances, son âme s'impatienta à la mort.

Juges 16 : 15-16

Dalila était Philistine et les Philistins étaient connus comme des ennemis des Israélites. Pourtant, elle semblait avoir un grand amour pour Samson qui était le pire ennemi des Philistins.

Vous ne devez pas prendre les choses pour acquises. Regardez attentivement le passé des gens et demandez-vous pourquoi cette personne changerait pour entrer en relation avec vous.

3. **Les simulateurs vous font signer des accords que vous regretterez.**

Les Gabaonites prétendaient être des voyageurs qui venaient de loin. Sous ce prétexte ils ont fait signer à Josué un accord qu'il a eu à regretter. Combien de contrats de mariage ont été conclus sous des faux semblants et des apparences ? Une petite enquête et un peu de temps auraient exposé les hypocrites. Josué aurait été sauvé d'une alliance qui bouleverse la vie. Si vous attendez un peu et enquêtez un peu, ça vous aidera à ne pas épouser la mauvaise personne. Il n'est pas facile pour les dissimulateurs de continuer à faire semblant pendant de longues périodes. Tôt ou tard, quelque chose arrive qui les montre sous leur vrai jour. Il n'a fallu que trois jours pour que Josué découvre que les Gabaonites l'avaient trompé. Cela peut vous prendre trois jours, trois semaines, trois mois ou trois ans pour découvrir la vérité sur les gens qui font semblant de vous aimer.

Les habitants de Gabaon, de leur côté, lorsqu'ils apprirent de quelle manière Josué avait traité Jéricho et Aï, eurent recours à la ruse, et se mirent en route avec des provisions de voyage. Ils prirent de vieux sacs pour leurs ânes, et de vieilles outres à vin déchirées et recousues, ils portaient à leurs pieds de vieux souliers raccommodés, et sur eux de vieux vêtements ; et tout le pain qu'ils avaient pour nourriture était sec et en miettes.

Ils allèrent auprès de Josué au camp de Guilgal, et ils lui dirent, ainsi qu'à tous ceux d'Israël, Nous venons d'un pays éloigné, et maintenant faites alliance avec nous.

Josué fit la paix avec eux, et conclut une alliance par laquelle il devait leur laisser la vie, et les chefs de l'assemblée le leur jurèrent.

Trois jours après la conclusion de cette alliance, les enfants d'Israël apprirent qu'ils étaient leurs voisins, et qu'ils habitaient au milieu d'eux.

Josué 9 : 3-6,15-16

4. Les simulateurs souvent se montrent tels qu'ils sont et vous devez croire les signes que vous voyez.

Dalila avait révélé qui elle était à plusieurs reprises avant de le détruire. Samson avait découvert qu'elle le trompait, mais il n'y prit pas garde.

Dalila dit à Samson : Dis-moi, je te prie, d'où vient ta grande force, et avec quoi il faudrait te lier pour te dompter.

Samson lui dit : Si on me liait avec sept cordes fraîches, qui ne fussent pas encore sèches, je deviendrais faible et je serais comme un autre homme.

Les princes des Philistins apportèrent à Dalila sept cordes fraîches, qui n'étaient pas encore sèches. Et elle le lia avec ces cordes. Or des gens se tenaient en embuscade chez elle, dans une chambre. Elle lui dit : Les Philistins sont sur toi, Samson. Et il rompit les cordes, comme se rompt un cordon d'étoupe quand il sent le feu. Et l'on ne connut point d'où venait sa force.

Dalila dit à Samson : Voici, tu t'es joué de moi, tu m'as dit des mensonges. Maintenant, je te prie, indique-moi avec quoi il faut te lier.

Juges 16 : 6-10

5. **Un simulateur est quelqu'un avec qui vous ne pouvez être à l'aise.**

Et ELLE L'ENDORMIT SUR SES GENOUX. Et ayant appelé un homme, elle rasa les sept tresses de la tête de Samson, et commença ainsi à le dompter. Il perdit sa force.

Juges 16 : 18-19

Vous ne devez pas faire confiance aux gens que vous soupçonnez d'être hypocrites. Vous ne devez pas vous détendre en leur présence.

Vous ne pouvez pas vous permettre d'être à l'aise ou de remettre votre vie entre leurs mains. Samson dormit sur ses genoux et ce fut le dernier sommeil agréable qu'il eut sur cette terre.

Un jour, un homme de Dieu signait certains de ses livres en présence d'autres membres du personnel. Il était épuisé parce que toute la journée il exerçait son ministère. Quand il eut fini, il s'assit, se détendit et commença à discuter avec ceux qui l'entouraient.

Quelques mois plus tard, l'un des membres du personnel qui était là au cours de la séance de dédicace décrivit ce qui s'était passé. Il dit que l'homme de Dieu était arrogant et riait à propos de l'argent qu'il gagnait à chaque fois qu'il signait un livre. De toute évidence l'homme de Dieu n'aurait pas dû discuter, ni se détendre en présence d'une telle personne. Ces gens interprètent et déforment tout.

Il est important de savoir avec qui vous pouvez vous sentir à l'aise.

6. Les hommes jouent à faire semblant envers les femmes et les femmes jouent à faire semblant envers les hommes.

À cause des différences entre les hommes et les femmes, vous devez toujours être conscient de la possibilité que quelqu'un du sexe opposé prétend.

Les hommes sont souvent captivés par les femmes et les femmes charmées par les hommes.

Les femmes impressionnent les hommes

Un bon leader doit être conscient de cela quand il a affaire avec une personne du sexe opposé. Nous, les hommes sommes rapidement émus et charmés par la beauté et la voix douce de ces dames. Nous avons du mal à croire que ce qui sort de la bouche de cette jolie, fragile et innocente fille pourrait être désagréable. Mais dans ce serpent d'aspect endormi et inoffensif, réside un venin dont la puissance peut tuer dix-sept hommes adultes.

De même, les hommes impressionnent les femmes beaucoup plus facilement qu'ils impressionneraient d'autres hommes.

Les mots de Shakespeare dans son livre de *Jules César* méritent notre attention. « *C'est le jour éclatant qui fait surgir la vipère [...]*. »

Cela signifie qu'une journée ensoleillée et lumineuse est attrayante et accueillante pour tous ceux qui veulent sortir pour profiter de la nature. Mais c'est le même jour lumineux qui attire les serpents venimeux mortels hors de leurs trous.

7. Des espérances trop élevées peuvent amener des ministres de l'Évangile à prétendre.

Malheur à vous, scribes et pharisiens hypocrites ! Parce que vous ressemblez à des sépulcres blanchis, qui paraissent beaux au dehors, et qui, au dedans, sont pleins d'ossements de morts et de toute espèce d'impuretés. Vous de même, au dehors, vous paraissez justes aux hommes, mais, au dedans, vous êtes pleins d'hypocrisie et d'iniquité.

Matthieu 23 : 27-28

Les Pharisiens sont les meilleurs exemples de ministres qui prétendent. À l'extérieur, ils paraissent blancs et beaux, mais à l'intérieur tout est différent. Il est important d'être à l'extérieur semblable à ce que vous êtes à l'intérieur.

Les ministres de l'Évangile prétendent souvent au sujet de leur mariage. Les ministres peuvent également prétendre au sujet de leur spiritualité, car les gens veulent sentir qu'ils ont affaire avec une personne d'une grande spiritualité. Les ministres peuvent également prétendre au sujet des miracles qu'ils réalisent et du pouvoir qu'ils ont. Un ministre de l'évangile peut grandir et se développer en un simulateur classique.

8. Les enfants sont de bons simulateurs.

Ils ont fabriqué une façade pour leurs parents et donnent l'impression d'être ce qu'ils ne sont pas. Beaucoup de parents n'ont aucune idée de qui sont leurs enfants et de ce qu'ils font. Malheureusement, de nombreux parents ont eu à découvrir que leurs enfants étaient des meurtriers ou des prostituées. Même à la maison de nombreux enfants font semblant d'être bons, alors qu'ils sont les pires des enfants.

Ensuite, Isaac dit à Jacob : « Approche donc, et que je te touche, mon fils, pour savoir si tu es mon fils Ésaü, ou non. »

Jacob s'approcha d'Isaac, son père, qui le toucha, et dit : « La voix est la voix de Jacob, mais les mains sont les mains d'Ésaü. » Il ne le reconnut pas, parce que ses mains étaient velues, comme les mains d'Ésaü, son frère ; et il le bénit. Il dit : « C'est toi qui es mon fils Ésaü ? » Et Jacob répondit : « C'est moi. »

Genèse 27 : 21-24

9. Un simulateur est quelqu'un qui peut feindre le pardon.

Méfiez-vous de quelqu'un dont vous pouvez vous attendre qu'il soit en colère et sans pitié, parce que quelqu'un lui a fait du tort. Méfiez-vous des gens qui ont été offensées, mais semblent avoir complètement ignoré l'offense et semblent être encore plus agréables et gracieuses qu'avant qu'elle ait été commise. Vous devez toujours être sûr que cette personne vous a réellement pardonné.

Les fils de Jacob ont prétendu qu'ils avaient pardonné les hommes qui avaient violé leur sœur. Ils changèrent d'attitude et, incroyablement, offrirent leur sœur en mariage aux violeurs. Les violeurs présumèrent, présomptueusement, qu'ils étaient acceptés et aimés par les frères de la jeune fille qu'ils avaient violée.

Les fils de Jacob feignirent le pardon

Les fils de Jacob répondirent et parlèrent AVEC RUSE à Sichem et à Hamor, son père, parce que Sichem avait déshonoré Dina, leur sœur.

Ils leur dirent : C'est une chose que nous ne pouvons pas faire, que de donner notre sœur à un homme incirconcis ; car ce serait un opprobre pour nous.

« Nous ne consentirons à votre désir qu'à la condition que vous deveniez comme nous, et que tout mâle parmi vous soit circoncis. Nous vous donnerons alors nos filles, et nous prendrons pour nous les vôtres ; nous habiterons avec vous, et nous formerons un seul peuple.

Mais si vous ne voulez pas nous écouter et vous faire circoncire, nous prendrons notre fille, et nous nous en irons. »

Leurs paroles eurent l'assentiment de Hamor et de Sichem, fils de Hamor. Le jeune homme ne tarda pas à faire la chose, car il aimait la fille de Jacob. Il était considéré de tous dans la maison de son père.

Hamor et Sichem, son fils, se rendirent à la porte de leur ville, et ils parlèrent ainsi aux gens de leur ville : « Ces hommes sont paisibles à notre égard ; qu'ils restent dans le pays, et qu'ils y trafiquent; le pays est assez vaste pour eux. Nous prendrons pour femmes leurs filles, et nous leur donnerons nos filles.

Mais ces hommes ne consentiront à habiter avec nous, pour former un seul peuple, qu'à la condition que tout mâle parmi nous soit circoncis, comme ils sont eux-mêmes circoncis.

Leurs troupeaux, leurs biens et tout leur bétail, ne seront-ils pas à nous ? Acceptons seulement leur condition, pour qu'ils restent avec nous.»

Tous ceux qui étaient venus à la porte de la ville écoutèrent Hamor et Sichem, son fils; et tous les mâles se firent circoncire, tous ceux qui étaient venus à la porte de la ville.

Le troisième jour, pendant qu'ils étaient souffrants, les deux fils de Jacob, Siméon et Lévi, frères de Dina, prirent chacun leur épée, tombèrent sur la ville qui se croyait en sécurité, et tuèrent tous les mâles.

Ils passèrent aussi au fil de l'épée Hamor et Sichem, son fils ; ils enlevèrent Dina de la maison de Sichem, et sortirent.

Genèse 34 : 13-26

10. Les simulateurs ont des changements complets dans leurs attitudes qui semblent inhabituels.

Les fils de Jacob semblèrent avoir un brusque changement d'attitude envers les gens qui avaient violé leur sœur. Faites attention à ces changements soudains et inexpliqués dans l'attitude des gens. Il peut y avoir une raison à la joie et l'exubérance soudaine !

Il faut toujours se demander pourquoi les gens faire des choses pour nous. Pourrait-il y avoir une autre raison qui les rend si excités et zélés ?

11. Les gens dans le besoin sont de bons candidats pour les faux-semblants.

Les gens qui sont à la recherche de promotion et de faveurs ont tendance à se plier en quatre pour obtenir ce qu'ils veulent. Il leur arrive souvent de prétendre, envers leurs patrons et toute personne importante qui peut leur donner les faveurs dont ils ont besoin. Observez attentivement les gens pauvres et les gens dans le besoin. Beaucoup de gens paieraient n'importe quel prix pour avancer dans la vie. Beaucoup de gens sont prêts à « lécher le postérieur » du patron afin d'être appréciés. Tamar fit semblant d'être une prostituée afin d'attirer l'attention de son beau-père.

Tamar se fait passer pour une prostituée

On en informa Tamar, et on lui dit : Voici ton beau-père qui monte à Thimna, pour tondre ses brebis.

Alors elle ôta ses habits de veuve, elle se couvrit d'un voile et s'enveloppa, et elle s'assit à l'entrée d'Énaïm, sur le chemin de Thimna; car elle voyait que Schéla était devenu grand, et qu'elle ne lui était point donnée pour femme. Juda la vit, et la prit pour une prostituée, parce qu'elle avait couvert son visage.

Il l'aborda sur le chemin, et dit : Laisse-moi aller vers toi. (Car il ne connut pas que c'était sa belle-fille.) Elle dit : Que me donneras-tu pour venir vers moi ?

Il répondit : Je t'enverrai un chevreau de mon troupeau. Elle dit : me donneras-tu un gage, jusqu'à ce que tu l'envoies ?

Il répondit : Quel gage te donnerai-je ? Elle dit : Ton cachet, ton cordon, et le bâton que tu as à la main. Il les lui donna. Puis il alla vers elle; et elle devint enceinte de lui.

Elle se leva, et s'en alla ; elle ôta son voile, et remit ses habits de veuve.

Genèse 38 : 13-19

12. Quelqu'un qui vous a servi pendant un court laps de temps a le potentiel d'être un simulateur.

Chaque dirigeant doit s'entourer de gens fidèles. Certains de ces gens deviendront des amis, des pasteurs adjoints, des conseillers ou des employés. Les paroles des gens qui vous entourent feront une grande différence. L'Écriture nous montre que les objectifs sont atteints grâce à de bons conseils. Ce que Dieu a décidé de faire de votre vie ne sera accompli qu'avec les bons avis et les sages conseils de ceux qui vous entourent.

Les Ministres qui dépendent uniquement des choses surnaturelles ne font généralement pas bien. C'est parce que nous fonctionnons à la fois dans les dimensions physiques et spirituelles. Des aspects importants de ce que nous ferons dans le Ministère impliqueront le naturel et le physique.

Des apports judicieux dans tous les domaines par des gens fidèles font la différence dans votre vie et le ministère. Des conseils juridiques, des conseils médicaux et des conseils techniques dans divers domaines sont essentiels au succès dans le Ministère. Nous avons besoin de l'onction, mais aussi des avis de gens fidèles.

Nous avons besoin à la fois de la puissance et de la sagesse de Dieu. J'ose affirmer que beaucoup d'échecs dans le Ministère proviennent de l'absence de bons conseils.

« Choisissez parmi vous sept hommes, de qui l'on rende un bon témoignage, qui soient pleins d'Esprit Saint et de sagesse, et que nous chargerons de cet emploi. » (Actes 6 : 3).

Revenons à notre discussion sur les conseillers qui font une différence pour le ministère.

Le conseil d'Huschaï, l'Arkien, vaut mieux que le conseil d'Achitophel.
                              2 Samuel 17 : 14

Huschaï était l'imposteur par excellence qui prétendait donner de bons conseils au Roi. Parce qu'Absalom ne comprenait pas ce que j'enseigne dans ce chapitre, il fut trompé par le « conseil » d' Huschaï. Lorsque vous ne déjouez pas les conseillers déloyaux, cela peut vous conduire à votre perte. Beaucoup de gens prétendent en permanence et un bon dirigeant doit voir au delà des apparences.

Souvent, vous ne pouvez dire si les conseils d'une personne sont meilleurs que ceux d'une autre personne. La plupart des Ministres n'ont pas la capacité de comprendre certains domaines avec lesquels, pourtant, ils doivent traiter. Certains ministres n'ont aucune idée des sujets légaux et doivent donc compter sur les conseils des autres.

Pensez aux aspects de la vie en rapport avec les lois, l'architecture, la comptabilité, la technique, la finance, les ressources humaines, l'informatique et même la médecine, qui affectent votre vie. Comment pouvez-vous être efficace si vous n'avez pas de bons conseils dans ces domaines ?

Je me rappelle toujours l'histoire du prophète Branham qui était le plus humble et simple des évangélistes guérisseurs, qui n'avait que très peu de biens. Pourtant, il fut amené devant les tribunaux pour des questions fiscales et fut débiteur envers l'État jusqu'à sa mort. De toute évidence, les gens qui l'entouraient et le conseillaient dans ces domaines ne l'ont pas protégé et aidé.

Absalom et tous les hommes d'Israël dirent :
« LE CONSEIL D'HUSHAI, L'ARKIEN EST MEILLEUR QUE LE CONSEIL D'ARCHITOPEL »
Or l'ÉTERNEL avait résolu d'anéantir le bon conseil d'Achitophel, afin d'amener le malheur sur Absalom.
2 Samuel 17 : 14

Absalom avait l'intention de devenir le Roi d'Israël. Il a presque réussi dans cette quête, mais a échoué car il suivit un mauvais conseil. Dans l'Écriture ci-dessus, Absalom a déclaré que le conseil d'Huschaï valait mieux que le conseil d'Achitophel. Mais était-il vraiment meilleur ? Absalom avait mis des années à mettre au point son plan. Son plan a fonctionné à merveille jusqu'au moment où il suivi les conseils d'un trompeur.

Absalom avait deux options : il avait à choisir entre les conseils d'Achitophel le Gilonite et les conseils d'Huschaï, l'Arkien. Il fit l'erreur cruciale de choisir Hushaï comme conseiller, même si les conseils Achitophel étaient les meilleurs conseils qu'il aurait pu avoir. « Les conseils donnés en ce temps-là par Achitophel avaient autant d'autorité que si l'on eût consulté Dieu lui-même Il en était ainsi de tous les conseils d'Achitophel, soit pour David, soit pour Absalom. » (2 Samuel 16 : 23).

En effet, les conseils d'Achitophel à Absalom étaient comme la sagesse supérieure de Dieu. Mais pourquoi Absalom fut-il troublé ? Pourquoi a t-il fait l'erreur de choisir les conseils d'Huschaï, l'Arkien au lieu de suivre les conseils d'Achitophel le Gilonite ?

La vérité sur les conseils, c'est qu'il y a de nombreuses façons de faire la même chose. Chaque méthode et chaque suggestion a ses avantages et ses inconvénients. Il n'est pas toujours facile de savoir quel est le meilleur choix. Parfois, il semble impossible de distinguer entre les bons et les mauvais conseils.

Le plan d'Achitophel

Achitophel a présenté à Absalom un bon plan d'action, qui promettait d'éliminer son père, David, pour toujours.

« En outre, Achitophel dit à Absalom : Laisse-moi choisir douze mille hommes ! Je me lèverai, et je poursuivrai David cette nuit même. Je le surprendrai pendant qu'il est fatigué et que ses mains sont affaiblies, je l'épouvanterai, et tout le peuple qui est avec lui s'enfuira. Je frapperai le roi seul, et je ramènerai à toi tout le peuple. La mort de l'homme à qui tu en veux assurera le retour de tous, et tout le peuple sera en paix. ' Cette parole plut à Absalom et à tous les anciens d'Israël. » (2 Samuel 17 : 1-4).

Le plan d'Huschaï

Huschaï a également présenté à Absalom un plan aussi prometteur de victoire. « Huschaï répondit à Absalom : Pour cette fois le conseil qu'a donné Achitophel n'est pas bon. »

Et Huschaï dit : « Tu connais la bravoure de ton père et de ses gens, ils sont furieux comme le serait dans les champs une ourse à qui l'on aurait enlevé ses petits. Ton père est un homme de guerre, et il ne passera pas la nuit avec le peuple.

Voici maintenant, il est caché dans quelque fosse ou dans quelque autre lieu. Et si, dès le commencement, il en est qui tombent sous leurs coups, on ne tardera pas à l'apprendre et l'on dira : Il y a une défaite parmi le peuple qui suit Absalom ! Alors le plus vaillant, eût-il un cœur de lion, sera saisi d'épouvante ; car tout Israël sait que ton père est un héros et qu'il a des braves avec lui.

Je conseille donc que tout Israël se rassemble auprès de toi, depuis Dan jusqu'à Beer Schéba, multitude pareille au sable qui est sur le bord de la mer. Tu marcheras en personne au combat.

Nous arriverons à lui en quelque lieu que nous le trouvions, et nous tomberons sur lui comme la rosée tombe sur le sol ; et pas un n'échappera, ni lui ni aucun des hommes qui sont avec lui.

S'il se retire dans une ville, tout Israël portera des cordes vers cette ville, et nous la traînerons au torrent, jusqu'à ce qu'on n'en trouve plus une pierre. » (2 Samuel 17 : 8-13).

Quel plan était le meilleur ?

Comme vous pouvez le voir les deux plans paraissent bons et peu de gens auraient été capables de distinguer le bon du mauvais. Toutefois, un principe aurait pu sauver Absalom, le principe de préférer l'avis d'une personne loyale au conseil de quelqu'un dont la loyauté n'était pas prouvée. Absalom aurait dû choisir d'écouter les conseils de quelqu'un qu'il connaissait depuis longtemps.

Achitophel était un partisan de longue date de la conspiration pour renverser le roi David. Absalom avait en effet envoyé chercher Achitophel quand il fut temps de renverser le roi David. Il était la personne qu'Absalom aurait dû écouter.

Absalom aurait été plus assuré des propositions d'Achitophel parce que celui-ci avait déjà prouvé qu'il était de son côté. « Pendant qu'Absalom offrait les sacrifices, il envoya chercher à la ville de Guilo Achitophel, le Guilonite, conseiller de David. La conjuration devint puissante, et le peuple était de plus en plus nombreux auprès d'Absalom. » (2 Samuel 15 : 12).

Le conseil d'Huschaï était plus détaillé et plus impressionnant. Il comprenait plus d'options et de contre-propositions au cas où quelque chose aurait mal tourné. Le conseil d'Achitophel étaient moins détaillé et moins impressionnant que celui d'Hushaï. Malheureusement, beaucoup de gens écoutent de nouveaux conseillers qui paraissent brillants plutôt que de compter sur les gens fidèles dont la loyauté a fait ses preuves au fil des ans.

Il s'agit d'une erreur fatale et c'est sur ce point même que de nombreux ministères et même des entreprises, entament une spirale descendante. Je préfère écouter les gens fidèles qui ont démontré qu'elles m'aiment et croient en moi.

13. Un simulateur hésite à mettre en œuvre ses propres idées.

Suivez les conseils de quelqu'un qui est prêt à mettre en œuvre ce qu'il propose. Absalom a omis de le reconnaître. S'il l'avait su, il aurait choisi d'écouter Achitophel plutôt qu'Hushaï.

Il y a des gens qui donnent des conseils, mais n'aideront pas à les réaliser. En fait, ils n'ont aucune idée sur la façon de réaliser leurs propres propositions.

Achitophel a fait une suggestion et a proposé de la réaliser lui-même Cela est significatif. « Achitophel dit à Absalom : **LAISSE MOI** choisir douze mille hommes ! **JE ME LÈVERAI** et **JE POURSUIVRAI** David cette nuit même : **JE LE SURPRENDRAI** pendant qu'il est fatigué et que ses mains sont affaiblies **JE L'ÉPOUVANTERAI** et **JE RAMÈNERAI** à toi tout le peuple ; la mort de l'homme à qui tu en veux assurera le retour de tous, et tout le peuple sera en paix. Cette parole plut à Absalom et à tous les anciens d'Israël. » (2 Samuel 17 : 1-4).

Mais examinez le conseil que Huschaï, l'Arkien a donné. Tout d'abord, il n'a jamais offert d'aider Absalom à exécuter le plan. Il a plutôt conseillé qu'Absalom se mette en danger en allant lui-même au combat.

Malheureusement, Absalom ne put voir qu'il était envoyé à sa propre mort. « Je conseille donc que tout Israël se rassemble auprès de toi, depuis Dan jusqu'à Beer Schéba, multitude pareille au sable qui est sur le bord de la mer. **TU MARCHERAS EN PERSONNE AU COMBAT.** » (2 Samuel 17 : 11).

Chaque fois que je reçois une suggestion, je demande souvent à la personne qui la suggère qu'elle la réalise elle-même. C'est la façon de déterminer si le conseil est utilisable ou non.

Malheureusement, beaucoup de gens ne sont pas compétents et ne peuvent construire quoi que ce soit. Ils peuvent avoir des diplômes, mais ils ne peuvent pas traduire dans la réalité ce qu'ils ont appris à l'école.

Beaucoup d'églises sont dirigées par des prêtres avec des certificats de théologie. Toutefois, ces titres ne contribuent pas nécessairement à la croissance de l'église. De même, de nombreux pays sont dirigés par des théoriciens ayant un diplôme universitaire. Malheureusement, un diplôme signifie très peu quand il s'agit de l'actuelle construction de la nation.

Vous devez apprendre à distinguer entre les gens qui parlent beaucoup, avec des idées sonores et les gens qui apportent des solutions pratiques. Entourez-vous de gens qui résolvent les problèmes et font bouger les choses d'une manière pratique.

14. Un simulateur peut se reconnaître par la peur et la panique qu'il génère.

Huschaï était un homme sage, et il savait qu'il devait faire peur à Absalom pour l'éloigner de la voie du succès. Le conseil d'Huschaï inspirait beaucoup de peur. Huschaï a parlé de plusieurs choses qui ont effrayés Absalom et ses partisans.

Il a rappelé à Absalom et aux autres anciens en rébellion que David était un soldat très expérimenté qui avait gagné de nombreuses batailles. Il a demandé à Absalom de se rappeler du genre de personne qu'était son père. Il a décrit David comme un ours. Et pas un ours ordinaire, mais une ourse privée de ses petits ! C'est un animal que personne n'aimerait rencontrer !

> Et Huschaï dit : Tu connais la bravoure de ton père et de ses gens, ils sont furieux comme le serait dans les champs une ourse à qui l'on aurait enlevé ses petits. Ton père est un homme de guerre [...]
>
> 2 Samuel 17 : 8

Il leur a également rappelé le genre d'hommes vaillants qui étaient avec David. Une liste de ces hommes vaillants dans 2 Samuel 23 enverrait des frissons dans le dos de tout guerrier. Huschaï dit à Absalom de faire attention à ces terribles combattants, comme Joab le commandant et Abischaï, son frère, qui a tué trois cents hommes en une seule bataille.

Huschaï a rappelé à Absalom l'Eznite Adino, qui tua huit cents personnes en une fois. Puis il lui dit de ne pas oublier Benaja, fils de Jehojada, qui a tué un lion au milieu d'une fosse, durant une journée enneigée. Qu'en est-il d'Abischaï, qui tua le frère de Goliath ?

Après avoir entendu cette inquiétante énumération d'hommes vaillants, Absalom était effrayé. Cette même chose s'est produite pour les enfants d'Israël lors de leur première tentative pour entrer dans la Terre Promise. Ils ont entendu parler des géants et ont été détournés de la Terre promise par la peur. Ils se sont éloignés de leur héritage donné par Dieu à cause des détails effrayants qu'ils avaient entendu. Vous ne ferez jamais bien, tant que vous écouterez les conseils qui inspirent la crainte.

Jésus dit à Jaïrus : « Ne crains pas, crois seulement. » Jésus vient toujours avec « Ne crains pas. » C'est le diable qui inspire la crainte. Méfiez-vous des prophètes qui vous disent tout le temps de mauvaises choses sur l'avenir et qui vous font peur. Dieu vous dit de vous méfier des choses qui créent la peur dans votre cœur. Ne crains pas, crois seulement !

Écoutez les conseils réalisables

Le conseil d'Achitophel était « réalisable » ! Il était positif ! Il était pratique ! Il pensait en termes de possibilité. C'était un conseil qui pouvait être suivi immédiatement. La plupart des choses qui peuvent être faites, peuvent être faites maintenant !

Marions-nous maintenant !

Il y a quelques années, lorsque j'ai rencontré ma femme, je lui ai dit que je voulais l'épouser *immédiatement*. J'ai vraiment voulu l'épouser dès que possible. Je sentais que j'avais pris ma décision et qu'il n'y avait plus aucune raison de s'attarder. « Allons de l'avant et marions nous ! »

Je pensais qu'elle serait perturbée par mon insistance à nous marier tout de suite. Mais elle ne le fut pas. Un jour, elle m'a dit quelque chose qui m'a surpris.

Elle dit : « Mon père dit : Si un homme veut vraiment t'épouser, il voudra se marier avec toi le plus tôt possible. »

Grâce à son expérience, son père s'est rendu compte que les jeunes prétendants convenables ont souvent eu le désir de se marier dès que possible.

Maintenant, dans ma propre expérience, j'ai remarqué que les hommes qui disent, « Je vous épouserai dans les quatre années qui viennent », « Je vous épouserai quand j'aurai achevé mes cinq années d'études supérieures », ne se sont généralement pas mariés comme ils l'avaient promis.

Souvenez-vous toujours : Un conseil qui peut être mis en œuvre immédiatement est généralement un bon conseil !

Le conseil d'Achitophel à Absalom génère la force

Le conseil d'Achitophel était fondé sur sa compréhension du comportement humain. Il voulait qu'Absalom fasse des choses qui encourageraient les troupes. Il savait que la force psychologique des gens participant à la mission les renforcerait ou les briserait.

Achitophel voulait qu'Absalom couche avec les épouses de son père, ainsi les troupes rebelles sentiraient la détermination de leur chef et en seraient renforcées.

« Absalom dit à Achitophel : Consultez ensemble ; qu'avons-nous à faire ? », « Et Achitophel dit à Absalom : Va vers les concubines que ton père a laissées pour garder la maison ; ainsi tout Israël saura que tu t'es rendu odieux à ton père, ET LES MAINS DE TOUS CEUX QUI SONT AVEC TOI SE FORTIFIERONT. On dressa pour Absalom une tente sur le toit, et Absalom alla vers les concubines de son père, aux yeux de tout Israël. » (2 Samuel 16 : 20-22).

Lorsqu'Achitophel suggéra qu'Absalom couche avec les femmes de son père, ce n'était pas parce qu'il voulait qu'Absalom goûte aux délices sexuels exclusifs et exquis du roi David. Ce n'était certainement pas le moment approprié pour la détente ou le plaisir sexuel. C'était le temps approprié pour remonter le moral des troupes.

Le moment de gagner la confiance des troupes dans la réussite de leur mission. Le moment de faire savoir aux troupes qu'elles suivaient un dirigeant fort, déterminé et courageux !

La suite des conseils d'Achitophel était également fondée sur le concept du renforcement et de la stabilisation de ses partisans.

[...] et je ramènerai à toi tout le peuple; la mort de l'homme à qui tu en veux assurera le retour de tous, ET TOUT LE PEUPLE SERA EN PAIX.

2 Samuel 17 : 3

Vous ne pouvez pas construire une église à moins que les gens qui vous suivent soient en paix et dans un sentiment de bien-être. Vous devez faire des choses qui vont les fortifiés dans leur mission. Si les gens qui vous suivent n'ont pas un sentiment de sécurité, ils vont bientôt abandonner.

Il y a des années, j'étais le leader d'un petit groupe d'étudiants, qui se développait en une église. Lorsqu'il est devenu évident que je n'avais pas l'intention de quitter le pays ou l'église, les gens qui me suivaient ont été renforcés et sont devenues plus engagées. L'église a grandie et s'est établie. Nous avons dépassé le cadre de notre petite salle de classe et sommes devenus une grande église.

Construire une équipe de travailleurs et de missionnaires, à temps plein, demande beaucoup le genre de sagesse comme celle d'Achitophel. Sans la paix et un sentiment de bien-être, les gens vont constamment abandonner le navire.

Il y a quelque chose que j'appelle *« un élément de bien-être »*. J'ai appris au fil des ans que la gestion de ces *« éléments de bien-être »* augmente considérablement le moral des troupes. Chaque dirigeant doit apprendre à faire des choses qui apportent l'encouragement, la paix et le bien-être à ses disciples. L'environnement *« de bien-être »* n'est pas créé en répandant de l'argent aux alentours. L'Esprit Saint vous guidera dans ce qui est un élément de bien-être.

Les gens ont remarqué le nombre de médecins, ingénieurs, avocats, chercheurs d'or et gens hautement qualifiées qui ont abandonné leur emploi pour me suivre dans le ministère. Ces gens travaillent pour moi volontiers pour une petite fraction de ce qu'elles auraient gagné dans le monde. J'ai observé que des professionnels hautement rémunérés aux États-Unis et en Europe abandonnaient ce qu'ils faisaient, venaient en Afrique et travaillaient pour presque rien.

Je n'ai pas beaucoup d'argent à leur offrir, mais ils semblent être désireux et bénis de travailler dans le ministère. Ce n'est pas de mon fait parce que je ne l'ai pas planifié ou organisé. Cependant quand j'y pense, je réalise combien la grâce de Dieu a apporté le genre de sagesse comme celle d'Achitophel afin de permettre la réalisation de Sa volonté.

15. Un simulateur peut être identifié par ses suggestions irréalisables.

Le plan d'Achitophel reposait sur la prise d'une personne, le roi David. Il s'agit d'un principe éternel qui garantit le succès de presque chaque tentative. Achitophel a tenté d'expliquer que le résultat de toute l'opération dépendait de ce qui arriverait à une seule personne.

Les Pasteurs accompliront plus s'ils ciblent les bonnes personnes. Accomplir son Ministère pour un grand nombre et cibler la multitude est grandiose. Toutefois, si vous voulez une croissance réelle, vous devrez vous concentrer sur quelques individus qui peuvent réaliser la vision.

« [...] et je ramènerai à toi tout le peuple LA MORT DE L'HOMME A QUI TU EN VEUX assurera le retour de tous, et tout le peuple sera en paix. » (2 Samuel 17 : 3). Beaucoup de gens pensent que la force vient de cibler un grand nombre. Achitophel visait un seul homme, le roi David. Huschaï suggérait qu'ils éliminent David et tous les hommes qui étaient avec lui. Achitophel ciblait une personne et Hushaï ciblait la multitude des hommes vaillants.

Cette idée grandiose semblait plus prometteuse car elle permettrait de se débarrasser de tous les vaillants hommes qui étaient fidèles à David. « Nous arriverons à lui en quelque lieu que nous le trouvions, et nous tomberons sur lui comme la rosée tombe sur le sol ; ET PAS UN N'ÉCHAPPERA, NI LUI NI AUCUN DES HOMMES QUI SONT AVEC LUI. » (2 Samuel 17 : 12). Comme c'est impressionnant ! Pas même un des hommes vaillants de David ne serait demeuré si ce plan avait été exécuté.

Lorsque le roi David a riposté à Absalom, ce principe a été pris en compte et David n'a pas été autorisé à entrer dans la bataille. Ils lui ont dit, « s'ils tuent même la moitié d'entre nous, cela ne sera pas important, mais si tu meurs, ce sera la fin de chacun d'entre nous. » Et le roi dit au peuple : « Moi aussi, je veux sortir avec vous. » Mais le peuple dit : « Tu ne sortiras point ! Car si nous prenons la fuite, ce n'est pas sur nous que l'attention se portera; et quand la moitié d'entre nous succomberait, on n'y ferait pas attention mais toi, tu es comme dix mille d'entre nous, et maintenant il vaut mieux que de la ville tu puisses venir à notre secours. » (2 Samuel 18 : 2-3).

Maintenant, c'était une guerre entre l'armée de David et l'armée d'Absalom. Absalom a suivi le mauvais conseil d'Huschaï de sortir lui-même tandis que David a suivi le bon conseil et est resté dans sa maison.

Autrement dit, c'est devenu une guerre entre les sages et les idiots.

Tout comme Achitophel l'avait prédit, la guerre prit fin quand un homme fut tué. Et Absalom était l'homme dont la mort a mis fin à la guerre ! Achitophel savait que tout reposait sur ce qui arriverait à une seule personne. « Dix jeunes gens, qui portaient les armes de Joab, entourèrent Absalom, le frappèrent et le firent mourir. Joab fit sonner de la trompette ; et le peuple revint, cessant ainsi de poursuivre Israël, parce que Joab l'en empêcha. » (2 Samuel 18 : 15-16). Dès qu'Absalom fut mort, le conflit prit fin.

Peut-être, c'est ce principe que la plupart d'entre nous ne voyons pas. Si nous pouvions atteindre la seule personne que Dieu nous a désignée, cela nous permettrait d'accomplir beaucoup plus. Parce que nous aimons la pompe et la gloire qui vient en menant des programmes avec des groupes, nous ne pouvons passer du temps avec les individus qui peuvent faire toute la différence.

Chaque dirigeant doit faire ce qu'il faut pour construire son ministère. Faites ce que vous avez à faire ! Passez du temps avec le petit nombre de gens avec lesquelles vous avez besoin de passer du temps.

La vie de beaucoup de nombreuses personnes dépend de votre capacité de choisir quelques personnes clés et d'investir en eux. Rendez certaines personnes spéciales à vos yeux parce qu'il y aura toujours des gens spéciaux. Ils sont spéciaux pour votre vie et votre survie !

Le diable semble connaître la sagesse d'Achitophel mieux que la plupart des Chrétiens. C'est pourquoi il attaque les croyants un à la fois. Il se soucie peu de l'église à laquelle vous appartenez. Il vous abordera quand vous êtes seul. « Soyez sobres, veillez. Votre adversaire, le diable, rôde comme un lion rugissant, cherchant qui il dévorera. » (1 Pierre 5 : 8).

Les lions chassent leurs proies une par une. Vous ne trouverez jamais un lion qui chasse dix-sept antilopes en même temps.

Satan cible les individus un par un

Satan cherche à détruire les principaux dirigeants, de qui beaucoup dépendent. Vous pouvez paraître faible quand vous ne faites pas certaines choses. Un leader peut avoir l'air de gaspiller lorsque certains montants d'argent sont dépensés pour lui.

Je suis sûr que certains auraient accusé Absalom d'être un lâche s'il n'avait pas été au combat lui-même. Néanmoins, il a agit comme un idiot et cela lui coûta sa vie.

Parfois, les difficultés personnelles que vous traversez sont à cause de votre position de dirigeant. Si vous n'occupiez pas ce fauteuil important, vous n'éprouveriez pas le dixième de vos problèmes actuels.

Il y a des problèmes financiers qui vous entourent, parce que vous êtes dans cette situation particulière. Les médias vous harcellent à cause de votre position au sein du ministère.

De graves problèmes conjugaux pourraient vous nuire à cause de votre fonction au sein du ministère. J'ai vu des pasteurs qui avaient de bon mariage commencer à avoir de sérieux problèmes quand ils montent l'échelon du ministère.

Des niveaux plus élevés attirent généralement des démons plus puissants. Des Rois et des dirigeants « immortels » sont morts parce qu'ils ont été l'unique cible de pratiquement toutes les attaques.

Achab, le célèbre mari de Jézabel, a mené une bataille dans laquelle il a été la seule cible. C'est la bataille qui mit fin à sa vie !

Le roi d'Israël dit à Josaphat : Je veux me déguiser pour aller au combat; mais toi, revêts-toi de tes habits. Et le roi d'Israël se déguisa, et alla au combat.

Le roi de Syrie avait donné cet ordre aux trente-deux chefs de ses chars : VOUS N'ATTAQUEREZ NI PETITS NI GRANDS, MAIS VOUS ATTAQUEREZ SEULEMENT LE ROI d'Israël.

Quand les chefs des chars aperçurent Josaphat, ils dirent : Certainement, c'est le roi d'Israël. Et ils s'approchèrent de lui pour l'attaquer. Josaphat poussa un cri. Les chefs des chars, voyant que ce n'était pas le roi d'Israël, s'éloignèrent de lui. Alors un homme tira de son arc au hasard, et frappa le roi d'Israël au défaut de la cuirasse.

1 Rois 22 : 30-34

Achab était la seule cible de cette guerre. Le roi ou le dirigeant est la lumière du groupe qu'il dirige.

David a été appelé la lumière d'Israël et c'est pourquoi il a été traité spécifiquement. « Abischaï, fils de Tseruja, vint au secours de David, frappa le Philistin et le tua. Alors les gens de David jurèrent, en lui disant : Tu ne sortiras plus avec nous pour combattre, et tu n'éteindras pas la lampe d'Israël. » (2 Samuel 21 : 17).

N'oubliez jamais que le leader est la lumière du groupe qu'il dirige. Si la lumière est éteinte, les ténèbres descendent sur tous ceux qui le suivent.

16. Un simulateur prétend que vous avez besoin d'un grand nombre de personnes alors que vous n'avez besoin que d'une personne pour réussir.

Il y a des gens qui veulent que les choses soient faites par des groupes et des comités. « Vous ne pouvez faire confiance à une seule personne, pour une telle responsabilité », disent-ils. « Il est trop dangereux pour une personne d'avoir un tel pouvoir. »

En effet, ces concepts de sécurité sonores, de maturité et de pluralité de la direction ressemble à une véritable sagesse. Mais la parole de Dieu nous enseigne que de nombreuses choses peuvent être accomplies par une personne-clé. Atteindre les objectifs grâce à des groupes, des comités et un grand nombre de gens est une option intéressante pour certaines personnes.

Mais j'ai connu beaucoup de succès en travaillant avec une personne-clé sur chaque projet. La Parole de Dieu nous montre qu'il cherche une personne et œuvre par le biais d'une seule personne. « Je cherche parmi eux UN HOMME qui élève un mur, qui se tienne à la brèche devant moi en faveur du pays, afin que je ne le détruise pas; mais je n'en trouve point. » (Ézéchiel 22 : 30).

Absalom a voulu savoir ce qu'Achitophel et Hushaï pensaient à ce sujet. Les deux conseillers parlèrent, et encore une fois, Absalom avait le choix entre deux options.

Huschaï, qui intentionnellement donnait de mauvais conseils à Absalom lui dit d'agir par le biais *de milliers* de personnes. « Je conseille donc QUE TOUT ISRAEL SE RASSEMBLE AUPRÈS DE TOI, depuis Dan jusqu'à Beer Schéba, multitude pareille au sable qui est sur le bord de la mer. Tu marcheras en personne au combat. » (2 Samuel 17 : 11).

Achitophel, lui, se proposait de rechercher le roi et de l'éliminer personnellement. « Achitophel dit à Absalom : Laisse-moi choisir douze mille hommes ! JE ME lèverai, et JE poursuivrai David cette nuit même. JE le surprendrai pendant qu'il est fatigué et que ses mains sont affaiblies, JE l'épouvanterai, et tout le peuple qui est avec lui s'enfuira. JE frapperai le roi seul. » (2 Samuel 17 : 1-2).

Pouvez-vous voir pourquoi Absalom préfère les conseils d'Huschaï ? Le plan d'Huschaï était de mener une guerre avec des milliers et des milliers de gens, aussi nombreuses que le sable de la mer. Le plan d'Achitophel ne mettait en œuvre que douze mille hommes, et lui, assassinant personnellement le Roi David.

Malheureusement, Absalom a opté pour accomplir son dessein à travers un grand nombre de personnes. Je peux voir pourquoi travailler avec de grands groupes est plus attrayant. Prêcher face à de grandes congrégations vous donne le sentiment d'accomplir plus.

D'une certaine manière, Jésus semble penser le contraire, c'est pourquoi il a passé plus de temps avec ses disciples qu'avec les grandes foules. Il savait que tout dépendait d'une seule personne.

C'est pourquoi Il dit : « Il est écrit : Je frapperai le berger, et les brebis du troupeau seront dispersées. » (Matthieu 26 : 31).

La plupart des enseignements que nous lisons dans le livre de Jean ont été donnés à un petit groupe de disciples. Dans le cinquième chapitre de Jean, Jésus a axé son ministère sur les douze disciples et non sur la multitude.

Dieu m'a béni avec les personnes avec l'aide desquelles je travaille. Je suis engagé dans différents domaines indépendants du ministère. Toutefois, j'aborde chaque domaine grâce à l'aide d'une seule personne. Quelque soit ce que je construis, je le fais par l'intermédiaire d'une seule personne.

Je ne cherche pas à construire une église tant que je n'ai pas un seul homme - le pasteur. Si je veux avoir une mission dans un pays étranger, je n'ai besoin que d'une personne - le missionnaire. Je ne dépends pas de l'engagement et de l'approbation de plusieurs personnes.

Je n'ai besoin que d'une seule personne pour créer un nouveau département. Je ne dépends pas d'équipes ou de groupes. Cela a fonctionné au mieux pour moi. C'est le genre de sagesse comme celle d'Achitophel, c'est aussi l'oracle de Dieu pour vous !

Il y a des années, j'ai créé un groupe de musique appelé « Les BeeDees ». Je voulais construire un beau groupe de musiciens, qui chanteraient et joueraient ensemble. Après un certain temps, chacun se dirigea dans des directions différentes et le groupe se décomposa. J'ai été très déçu, c'est le moins que je puisse dire.

Cependant, j'ai réalisé que je ne pourrais jamais accomplir ma vision de la musique grâce à un groupe. Maintenant, je travaille avec des individus et c'est beaucoup plus facile.

17. Un simulateur peut être identifié par son amour pour la procrastination et les retards.

Un aspect crucial du plan d'Achitophel était d'attaquer David sans délai.

Le roi David était un combattant vaillant mais il n'était pas invincible, ni immortel. Naturellement, dans de bonnes conditions, le roi David pouvait être vaincu. Achitophel savait exactement quand et comment David pourrait être vaincu et il l'a dit. « Achitophel dit à Absalom : Laisse-moi choisir douze mille hommes ! Je me lèverai, et je poursuivrai David *cette nuit même* » (2 Samuel 17 : 1).

Les mots clés ici sont « *cette nuit* ». Il est important qu'Absalom poursuivre David à ce moment particulier. Achitophel savait que les conditions étaient favorables *seulement cette nuit.*

Quelles sont les conditions qui rendaient cette nuit-là favorable à Absalom ?

David était fatigué, épuisé et Achitophel voulait que l'attaque survienne pendant que David était affaibli « Je le surprendrai pendant qu'il est fatigué et que ses mains sont affaiblies, je l'épouvanterai, et tout le peuple qui est avec lui s'enfuira. Je frapperai le roi seul » (2 Samuel 17 : 2).

Huschaï savait aussi que David était fatigué, épuisé, et il voulait gagner du temps pour David. C'est pourquoi il lui a demandé d'attendre que des milliers et des milliers de soldats se rassemblent. Pouvez-vous imaginer combien de temps il a fallu pour rassembler toutes ces troupes ?

Le bon timing

Cher ami, il y a un temps pour toute chose. Si vous manquez le moment, vous ne réussirez probablement pas. Tant que vous êtes sur cette terre, tout ce que vous faites dépendra du bon moment pour agir.

Dieu peut avoir choisi pour vous d'avoir la plus grande église de votre pays. Mais, peut-être, le bon moment pour commencer ce grand ministère, c'est quand vous avez 25 ans. Si vous tardez et commencez quand vous avez 45 ans, la vision en sera grandement affectée.

Quand le timing est mauvais ont dirait que les choses ne sont pas la volonté de Dieu. Souvent, c'est la volonté de Dieu, mais le moment n'est pas bon.

Achitophel conseilla à Absalom d'attaquer quand David était fatigué. Il savait que la seule chance d'Absalom était d'attaquer quand son père était physiquement épuisé.

Pourquoi le conseil d'Achitophel avait plus de valeur que celui d'Hushaï ? Parce que le conseil d'Achitophel était d'accomplir la vision « maintenant ». « Maintenant » est le moment pour la plupart des grandes visions !

18. On reconnait un simulateur par son manque de profondeur de pensée, de force et de présence à l'instant.

La vraie force vient du Seigneur. Les simulateurs n'ont pas de vrais, profonds engagements. Cela se voit par leur incapacité à acquérir la vraie force pour le travail qu'ils ont à faire. Un ministre de l'Évangile qui n'est pas authentique ne se confie pas au Seigneur pour acquérir la véritable force.

Il y a des batailles que chaque leader puissant perdra tout simplement parce qu'il est épuisé. C'est pourquoi Dieu veut que nous ayons des retraites et des refuges pour nous renforcer. Votre ministère sera transformé si vous avez des refuges.

Huschaï savait que David aurait un refuge et deviendrait assez fort pour lutter contre Absalom. Il induit Absalom en erreur en laissant à David le privilège d'avoir un abri pour se renforcer. David avait un camp à un endroit appelé Mahanaïm et le chef de ce camp était Barzillaï, le Galaadite.

« Israël et Absalom campèrent dans le pays de Galaad. Lorsque David fut arrivé à Mahanaïm, Schobi, fils de Nachasch, de Rabba des fils d'Ammon, Makir, fils d'Ammiel, de Lodebar, et Barzillaï, le Galaadite, de Roguelim, apportèrent des lits, des bassins, des vases de terre, du froment, de l'orge, de la farine, du grain rôti, des fèves, des lentilles, des pois rôtis, du miel, de la crème, des brebis, et des fromages de vache. Ils apportèrent ces choses à David et au peuple qui était avec lui, afin qu'ils mangeassent ; car ils disaient : Ce peuple a dû souffrir de la faim, de la fatigue et de la soif, dans le désert. » (2 Samuel 17 : 26-29).

« Barzillaï était très vieux, âgé de quatre-vingts ans. Il avait entretenu le roi pendant son séjour à Mahanaïm, car c'était un homme fort riche. » (2 Samuel 19 : 32). Plus tard, le roi David récompensa Barzillaï, le Galaadite pour son aide qui leur permit de se reposer.

Grâce au conseil de Huschaï le trompeur, Absalom donna à David suffisamment de temps pour se reposer et manger du pain, des haricots, de la viande, du miel, etc. Au moment où Absalom se décida à agir, Barzillaï, le Galaadite avait apporté à David toute la nourriture, les commodités et les lits dont il avait besoin.

N'essayez pas de combattre David après qu'il eut mangé du pain, du fromage, des haricots, du grain rôti et du bœuf. Ce fut une erreur fatale de vouloir combattre les vaillants hommes de David après qu'ils eurent mangé. C'était tout simplement le mauvais moment pour lutter contre quelqu'un comme David et ses vaillants hommes. Absalom aurait dû les combattre quand ils étaient fatigués et affamés. Il a raté le bon moment et a tout perdu.

Pouvez-vous imaginer la force qu'avait Adino l'Eznite, (qui avait tué huit cents personnes) après avoir mangé un mouton entier ? Pouvez-vous imaginer combien Abischaï, (le tueur du frère de Goliath) se sentait fort après avoir mangé une chèvre entière ?

Il est important que vous compreniez que le succès ou l'échec dépend en grande partie du timing. Puisse l'Esprit Saint vous guider dans la connaissance des moments appropriés à la réalisation de Ses fins. Absalom a échoué car il a permis à son ennemi de développer la force dont il avait besoin. Quelle partie de votre ministère est un échec en raison d'une mauvaise synchronisation ?

Ne préparez pas votre découragement en vous embarquant dans des choses pour lesquelles vous n'êtes pas prêt.

Ne vous lancez pas dans des champs qui ne sont pas mûrs pour la récolte.

Chapitre 3

Intimidation et la déloyauté

L'intimidation est l'art de DISSUADER ou de contrôler quelqu'un PAR LA PEUR.

1. **L'intimidation est une force puissante qui contrôle et décourage les serviteurs de Dieu en leur faisant craindre quelque chose de réel ou d'imaginaire.**

L'intimidation est une véritable opposition invisible, pas facile à définir, à votre ministère. De nombreux ministres ne continuent pas ce que Dieu leur a dit de faire parce qu'ils sont découragés par des tendances qui font paraitre la vérité impertinente et dépassée.

Dans le texte ci-dessous, nous voyons comment Néhémie a refusé de se laisser intimider par des gens inspirés par le diable. Ne laissez pas votre ministère dissuadé ou contrôlé par des menaces de toutes sortes.

« Une cinquième fois, Sanballat m'envoya ce même message par son serviteur qui tenait à la main une lettre ouverte. Il y était écrit : Le bruit se répand parmi les nations environnantes que toi et les Juifs, vous projetez une révolte. Guéchem me l'a d'ailleurs confirmé. Ce serait pour cela que tu reconstruis la muraille. On dit même que tu veux devenir leur roi et que tu as déjà désigné des prophètes chargés de proclamer à Jérusalem que tu es devenu roi de Juda ! Maintenant, des rumeurs de ce genre arriveront certainement aux oreilles de l'empereur. Viens donc en discuter avec nous ! »

Je lui fis répondre : « Rien de ce que tu affirmes n'est exact. Tout ceci est une pure invention de ta part ! »

TOUS CES GENS, EN EFFET, NE CHERCHAIENT QU'A NOUS FAIRE PEUR, ils espéraient que nous nous découragerions et que nous abandonnerions l'ouvrage ! Maintenant, ô Dieu, fortifie-moi pour ma tâche Je me rendis chez Chamaeya, fils de Delaya et petit-fils de Mehétabeel, qui s'était barricadé chez lui. Il s'écria :

« Allons tenir conseil dans le Temple de Dieu, au fond du sanctuaire, et verrouillons-en les portes, car ils veulent te tuer : ils vont venir pendant la nuit pour t'assassiner. » Mais je lui répondis : « Comment un homme dans ma position prendrait-il la fuite ? » D'ailleurs, quel homme comme moi pourrait pénétrer dans le Temple sans perdre la vie ? « Non, je n'irai pas ! » J'avais bien compris que ce n'était pas Dieu qui l'envoyait. Mais il avait prononcé cette prophétie pour moi parce que Sanballat et Tobiya l'avaient soudoyé. ILS AVAIENT AGI AINSI POUR ME FAIRE PEUR, ET POUR QU'EN SUIVANT SON CONSEIL, je commette un péché. Alors ils auraient pu me faire une mauvaise réputation et me discréditer. (Néhémie 6 : 5-13, Bible du Semeur).

Il y a quelques années, j'ai été invité à prêcher dans une église qui avait des milliers de membres. Je n'y étais jamais allé auparavant et ne savais pas à quoi m'attendre.

Un de mes amis entendit que j'avais été invité dans cette grande église et m'a prévenu que je ferais mieux de prêcher un bon message parce que si je ne prêchais pas un bon message je ne recevrais pas de bons honoraires.

Il me raconta comment il avait prêché dans cette même église auparavant, mais qu'il lui avait été dit par le pasteur que son sermon n'était pas assez bon. Le pasteur lui avait dit que la congrégation n'avait pas apprécié ses messages et donc lui avait donné un cachet très réduit.

J'ai immédiatement été intimidé par ce compte rendu. Je me demandais si je serais capable de prêcher un sermon assez bon. Je me demandais en moi-même, « Qu'est-ce qu'un bon sermon ? Que dois-je prêcher ? Devrais-je prêcher sur l'amour ou la réussite ? Sur l'argent et la façon de prospérer ? Je savais que les gens aimaient ces messages. »

J'étais désespéré et effrayé par la pensée que mon sermon soit évalué de cette manière par les pasteurs et les fidèles. J'avais besoin d'un message qui me ferait être aimé et populaire afin que je puisse recevoir une bonne offrande !

Puis le Saint-Esprit me dit : « Prêche ce que je te dis. Prêche le message que je t'ai donné. »

Immédiatement, j'ai été libéré de la nécessité d'impressionner qui que ce soit.

Ce que l'Esprit Saint m'avait dit me guidait et j'ai prié pour avoir l'audace d'annoncer le message que le Seigneur m'avait donné. Sans tenir compte de ce que les gens pourraient en penser, j'ai prêché ce que le Seigneur m'avait dit.

Finalement, j'étais heureux de ne pas avoir été intimidé par la menace que mon sermon soit évalué de façon si critique. J'ai été libéré de la nécessité de prêcher l'amour, le succès ou la prospérité. J'ai prêché l'évangile et la puissance de Dieu s'est manifestée.

2. L'intimidation c'est dissuader quelqu'un de certaines mesures en le menaçant de révéler des informations que vous avez à son sujet. L'esprit d'intimidation dit : « Je vous connais. Je sais tout sur vous. »

Quelqu'un qui ne sait pas grande chose sur vous ne peut pas vous intimider. L'intimidation vient des gens qui abusent de l'ouverture qui leur a été donnée. Ce sont les gens qui vous sont familiers qui peuvent vous intimider. *L'esprit de familiarité et l'esprit d'intimidation fonctionnent ensemble.*

> **Il se trouva dans leur synagogue un homme qui avait un esprit impur, et qui s'écria : Qu'y a-t-il entre nous et toi, Jésus de Nazareth ? Tu es venu pour nous perdre. JE SAIS QUI TU ES : le Saint de Dieu. Jésus le menaça, disant : Tais-toi, et sors de cet homme.**
>
> **Marc 1 : 23-25**

Je sais que vous ne faites pas de miracles

Je me souviens d'un jeune homme qui me méprisait et quitta notre église. Il disait à tout le monde, « Ce gars-là ne fait pas de miracles. Il n'y a pas de puissance dans l'église. » Je me sentais embarrassé à ce sujet. Je me sentais impuissant et inutile. Les critiques ont continué, « Il est juste un administrateur. Il est un « homme en blanc », sans pouvoir qui utilise des techniques administratives pour aider l'Église. » Je me sentais tellement médiocre et impuissant en tant que pasteur. Je me suis dit, « je ne peux me comparer avec de véritables ministres de l'Évangile dans le monde. »

Dans les deux ans qui suivirent, Dieu m'a béni et j'ai commencé à offrir des offices de miracle. Chaque fois qu'il y eu des miracles, je me souvenais de cette personne et de comment il se moquait de moi, qui ne faisait pas de miracles dans mon ministère.

3. L'intimidation est d'origine démoniaque.

Ce sont les esprits mauvais qui menacent d'utiliser une information pour vous décourager ou vous contrôler. Jésus et Paul ont été ouvertement attaqués par des esprits maléfiques qui voulaient les intimider.

Comme nous allions au lieu de prière, une servante qui avait un esprit de Python, et qui, en devinant, procurait un grand profit à ses maîtres, vint au-devant de nous, et se mit à nous suivre, Paul et nous. Elle criait : Ces hommes sont les serviteurs du Dieu Très Haut, et ils vous annoncent la voie du salut.

> Elle fit cela pendant plusieurs jours. Paul fatigué se retourna, et dit à l'esprit : Je t'ordonne, au nom de Jésus Christ, de sortir d'elle. Et il sortit à l'heure même.
>
> Actes 16 : 16-18

Une nuit, dans un pays étranger, j'étais seul dans mon lit quand j'ai vu un grand homme noir nu d'environ deux mètres cinquante, debout au pied de mon lit. J'ai immédiatement su que je voyais par les yeux de l'esprit et regardais le diable en face. J'étais terrifié.

Soudain, Satan se mit à glousser et à se moquer de moi. Ensuite, j'ai remarqué quelque chose d'inhabituel. Le gigantesque homme noir avait le visage de quelqu'un que j'avais connu auparavant.

Cette personne avait appartenu à mon église auparavant, mais me ridiculisait et se moquait de mes tentatives de faire le travail de Dieu.

À l'époque, j'avais été très découragé et intimidé par ce qu'il disait. Par cette vision terrifiante, j'ai réalisé que l'intimidation était démoniaque et satanique. Satan est l'auteur de l'intimidation.

L'esprit d'intimidation est l'esprit du diable. Il cherche à vous dissuader de servir le Seigneur. Il cherche à vous empêcher d'avancer et de vous engager dans de nouveaux domaines.

4. **L'intimidation, c'est dissuader quelqu'un de réaliser certaines actions en l'effrayant par l'exposition de *ses péchés passés*.**

Ceux qui faisaient cela étaient sept fils de Scéva, Juif, l'un des principaux sacrificateurs.

> L'esprit malin leur répondit : Je connais Jésus, et je sais qui est Paul ; mais vous, qui êtes-vous ?
>
> Et l'homme dans lequel était l'esprit malin s'élança sur eux, se rendit maître de tous deux, et les maltraita de telle sorte qu'ils s'enfuirent de cette maison nus et blessés.
>
> Actes 19 : 14-16

Dieu connaît notre passé et le diable aussi sait nos échecs. Comment le diable peut il tout savoir sur notre passé honteux ? La plupart des choses honteuses que nous avons faites ont été inspirées et dirigées par lui. Il était là pour vous encadrer et veiller à ce que vous accomplissiez sa vision des actes honteux et scandaleux.

Faut-il s'étonner qu'il ait un dossier sur chacun d'entre nous ? Satan inspire les gens qui connaissent nos péchés passés afin qu'ils nous intimident et nous effraient.

Vous remarquerez dans le Nouveau Testament que la remarque préférée des esprits du mal qui ont parlé au cours des ministères de Jésus et de Paul a été « *Je vous connais.* »

Les esprits mauvais savent des choses que les êtres humains ne savent pas, car ils peuvent voir des choses que les êtres humains ne peuvent pas voir. Les esprits mauvais connaissent l'histoire mieux que n'importe quel être humain, car ils ont été dans les parages pendant des milliers d'années et ont vu l'humanité passer à travers ses cycles.

Les esprits mauvais continuèrent de révéler l'identité de Christ d'une manière qu'Il n'aimait pas. Révéler votre identité au mauvais moment est très dangereux et peut vous détruire. C'est pourquoi le Seigneur continua à faire taire les esprits mauvais qui révélaient Son identité.

De même, Paul a été confronté par les mauvais esprits qui faisaient connaître son identité au mauvais endroit et moment.

Quand les sept fils de Scéva tentèrent de chasser les démons, ils firent face à des démons bien informés qui refusèrent de bouger.

« Qui êtes-vous ? » Dirent-ils. « Nous savons qui est Paul et nous savons qui est Jésus. Mais vous n'êtes pas qualifié de nous parler sur ce ton. »

Et ils les rossèrent et les dénudèrent.

5. **L'intimidation c'est dissuader quelqu'un d'agir d'une certaine manière en l'effrayant par l'exposition des *aspects indécents* de sa vie.**

[…] et *ceux* que nous estimons être les moins honorables du corps, nous les entourons d'un plus grand honneur. Ainsi nos *membres* les moins décents reçoivent le plus d'honneur, tandis que ceux qui sont décents n'en ont pas besoin. Dieu a disposé le corps de manière à donner plus d'honneur à ce qui en manquait.

1 Corinthiens 12 : 23-24

Tout le monde a des aspects indécents. Il y a des choses qui ne sont pas des péchés, mais ne sont pas belles et ne sont pas appropriées pour la consommation publique. L'indécence est différente du péché. La Bible parle des membres du corps qui sont beaux et de ceux qui sont indécents, mais tout aussi importants.

L'esprit d'intimidation aime à évoquer les aspects de nos vies dont il n'est pas agréable de parler. C'est l'esprit d'embarras. Peut-être vivez-vous un mariage difficile ou avez un enfant difficile. Peut-être avez-vous une faiblesse personnelle ou une maladie embarrassante. Les démons aiment à mettre ces choses en évidence pour vous intimider et vous dissuader de vous dévouer librement au ministère de la Parole de Dieu.

Faites attention à ceux qui utilisent contre vous leur intimité avec vous et les connaissances qu'ils ont acquises sur vous ! Les démons savaient que Jésus était issu d'un milieu modeste, et qu'il venait d'une famille de charpentiers. Les démons savaient qu'il y avait eu une controverse au sujet du père de l'enfant de Marie. C'est sur ce genre de chose que les esprits mauvais aiment jouer !

> N'est-ce pas le charpentier, le fils de Marie, le frère de Jacques, de Joses, de Jude et de Simon ? Et ses sœurs ne sont-elles pas ici parmi nous ? Et il était pour eux une occasion de chute.

Marc 6 : 2-3

Un frère qui me connaissait depuis des années me dit : « Je vais écrire un livre sur vous et vous chasser de cette ville. » De toute évidence, il savait que je n'étais qu'un homme qui fit des erreurs, comme tout le monde. Il me connaissait depuis quelques années et il savait que j'avais fait des erreurs, comme tout le monde. Comme sa haine et sa rébellion débordaient, il a menacé de me combattre jusqu'à ce que je m'enfuie avec la queue entre les jambes. C'était l'esprit d'intimidation qui parlait par le biais de ce jeune homme.

Que quelqu'un qui a vécu avec vous et a été proche de vous pendant des années vous menace de parler de vous d'une certaine façon est intimidant, c'est le moins que l'on puisse dire. Aucun de nous ne pourrait résister à l'épreuve d'un constant examen minutieux de nos vies. Un passage au crible de chacun de vos mouvements et de chacune de vos paroles révélera toujours des lacunes dans votre caractère et votre personnalité.

Lorsque Michael Jackson est mort, des psychologues ont été interrogés sur son mode de vie étrange et son comportement bizarre. Je me souviens particulièrement des propos d'une psychologue qui a dit : « Il n'est pas normal pour quelqu'un d'être scruté à la loupe pendant de longues périodes.»

Elle a continué, « un tel contrôle continu peut briser n'importe quelle personne normale et la détruire, et c'est ce qui est arrivé à Michael Jackson.»

Aucun de nous ne pourrait tolérer qu'une caméra vidéo filme vingt quatre heures sur vingt quatre, chaque seconde de notre journée. Nous ferions une dépression nerveuse et quémanderions quelques minutes de soulagement pour pouvoir nous détendre et ne pas avoir à être tirés à quatre épingles tout le temps.

La Bible dit : « Si nous disons que nous n'avons pas péché, nous faisons de Lui un menteur, et sa parole n'est pas en nous.» Qui voudrait avoir ses fautes, ses dérapages, ses erreurs, ses maladresses, ses déviations filmés et montrés au monde ? Nous remercions Dieu pour le sang de Jésus.

Refusez d'être intimidé par ceux qui affirment vous connaitre ! Ce sont les mêmes esprits du mal qui harcelèrent Jésus, affirmant sans cesse qu'ils le connaissaient. « Je vous connais, Je vous connais,» disent les démons pour vous intimider, inquiéter et menacer, vous même et votre ministère.

6. **L'intimidation c'est dissuader quelqu'un de certaines actions en se moquant de lui, en le raillant et en le méprisant.**

Sanballat décrivit la muraille de Néhémie comme une construction qui pourrait être abattue par un petit renard. Il se moquait de la muraille de Néhémie disant qu'elle ne valait rien. Mais elle valait quelque chose. N'écoutez pas les gens qui se moquent de vous et de votre ministère. C'est l'esprit de Sanballat qui vous intimide.

La muraille que construisit Néhémie est devenue les Remparts de Jérusalem, célèbres dans le monde entier. Elle ne sera jamais oubliée et Néhémie sera toujours commémoré pour ses efforts. Les mots de Sanballat étaient simplement une tentative démoniaque visant à l'arrêter dans son élan.

Sanballat déprécie les efforts de Néhémie

Lorsque Sanballat apprit que nous rebâtissions la muraille, il fut en colère et très irrité. Il se moqua des Juifs, et dit devant ses frères et devant les soldats de Samarie: À quoi travaillent ces Juifs impuissants ? Les laissera-t-on faire ? Sacrifieront-ils ? Vont-ils achever ? Redonneront-ils vie à des pierres ensevelies sous des monceaux de poussière et consumées par le feu ?
Tobija, l'Ammonite, était à côté de lui, et il dit : Qu'ils bâtissent seulement ! Si un renard s'élance, il renversera leur muraille de pierres ! Écoute, ô notre Dieu, comme nous sommes méprisés ! Fais retomber leurs insultes sur leur tête, et livre-les au pillage sur une terre où ils soient captifs.

Néhémie 4 : 1-4

Comment va l'association des étudiants ?

Il y a quelques années, lorsque nous avons commencé notre église, il y avait un homme de Dieu qui avait une église dans une salle voisine. Il se trouve qu'il vit tous nos efforts pour créer l'église et savait que notre nouvelle église était appelée Korle-Bu Christian Centre.

Un jour, je l'ai rencontré en ville et lui ai demandé, « Comment va votre église ? » Il dit : « Très bien, elle se porte bien. »

Puis il demanda : « Comment va votre *association d'étudiants* ? » Je voulais protester et dire : « Ce n'est pas une *association d'étudiants*. Il s'agit d'une église et vous savez que nous avons instauré *une église*. » Mais j'ai dû ravaler mes mots et répondre à sa question humiliante.

Donc j'ai dit, « l'association des étudiants va très bien. »

Je me suis senti humilié et intimidé. J'avais entendu la voix du diable qui me disait : « Ce n'est pas une église. Ce ne sera jamais une église. C'est une association d'étudiants et ce sera toujours et seulement une association.

Mais j'ai refusé d'être intimidé et ai continué à persévérer dans la construction de la petite église jusqu'à ce qu'elle devienne une méga-église.

Ne permettez à personne de ternir vos efforts pour construire une église ! Finalement, vous y arriverez !

Bien que vos débuts soient modestes, finalement, vos efforts porteront leurs fruits !

Vous avez douze cellules

Le diable ne cesse pas de vous intimider (décourager) lorsque vous essayez de faire des progrès dans la Voie du Seigneur. Le temps est venu quand le Seigneur m'amena à créer des branches de notre église.

Un jour, un pasteur en visite me posa des questions sur les progrès de notre ministère. Nous lui avons dit que tout allait bien et que nous avions douze églises supplémentaires. Puis il a demandé combien de personnes il y avait dans chaque église.

Nous lui avons expliqué que certaines d'entre elles avaient dix membres, d'autres en avaient vingt et certaines cinquante.

Il a dit ensuite, en riant : « Vous n'avez pas douze églises. Vous avez douze groupes de cellules. Ce ne sont pas les églises, ce sont des cellules ! »

Je me sentais tellement embarrassé quand cet homme de Dieu se moquait de nos églises. Mais comme nous avons persévéré, ces petites branches se sont développées en des arbres puissants, avec des centaines et des milliers de membres. Ne soyez pas intimidé par les déclarations moqueuses de collègues ministres de l'Évangile. Continuez à faire ce que Dieu vous a appelé à faire. Finalement, cela marchera.

7. **L'Intimidation vous empêche de développer de nouveaux domaines du ministère.**

L'intimidation est un esprit mauvais envoyé pour vous alarmer, vous effrayer et vous bousculer. Satan veut vous confiner dans les limites qu'il a définies pour vous. Mais vous devez en sortir.

Sanballat et Tobiya voulaient que Néhémie retourne en Perse. Ils ne voulaient pas qu'il s'engage dans de nouvelles idées et ont donc continué de l'intimider. N'oubliez pas la définition de l'intimida-tion : *L'intimidation est l'art de dissuader quelqu'un par la peur.* Satan veut vous empêcher d'avoir de nouvelles idées, de nouvelles visions et de nouveaux domaines d'action. C'est pourquoi il vous alarme, vous effraie et vous démobilise.

[...] Tobiya lui-même envoyait des lettres pour m'effrayer.

Néhémie 6 : 19
(Bible en français courant)

En effet, ils essayaient tous de nous effrayer ; ils espéraient que, découragés, nous cesserions le travail. « O Seigneur, fortifie-moi dans ma tâche ! »

Néhémie 6 : 9
(Bible en français courant)

L'intimidation, alors que nous construisions une nouvelle église

Commencer une église n'était pas une petite expérience pour moi. J'étais intimidé, presque à chaque occasion. Prêcher des sermons, célébrer des mariages, baptiser des gens, étaient toutes les expériences imposantes que j'avais à surmonter.

Je me souviens encore du premier mariage que j'ai célébré. Les parents du marié étaient Chrétiens nés de nouveau et ils ont demandé qui célébrait le mariage. Quand ils ont découvert que c'était votre serviteur, ils ont juste posé une question, « Est-il puissant ? »

Quand j'ai entendu dire qu'ils demandaient si j'étais un ministre puissant, j'ai été intimidé et j'ai eu envie de courir. Je ne voulais plus célébrer le mariage.

L'esprit de moquerie essaie de vous arrêter dans vos voies. Il vient pour vous empêcher d'aller de l'avant avec la vision que Dieu a pour vous.

À cause d'une combinaison de ridicule et de moquerie, vous n'avez plus l'esprit disponible à l'exercice de votre ministère. C'est pourquoi l'Écriture dit « Heureux l'homme [...] qui ne s'assied pas en compagnie des moqueurs ».

S'engager dans les Baptêmes

Satan vous empêche de vous engager hardiment dans de nouvelles choses par la peur du ridicule et de l'embarras. Je me souviens de la première fois que j'ai baptisé quelqu'un. Je m'y pris mal avec la première personne à se faire baptiser et avant que je le réalise, la personne qui m'assistait riait à tue-tête !

Je me sentais tellement gêné et je n'ai jamais oublié ce rire ! Mais j'ai continué à baptiser et c'est allé mieux.

Satan connaît ce sentiment et en tire un bon parti à chaque fois qu'il y a quelque chose de nouveau et d'audacieux à faire. Le ridicule est une barrière que vous devez surmonter.

Le diable est un tyran et il sait ce qui va vous effrayer. Chaque fois que vous tentez de vous diriger dans un nouveau secteur du ministère, il vous rappelle votre inexpérience et votre manque de compétence.

Ne permettez à personne de vous intimider quand vous avancez sur de nouvelles routes et en de nouveaux domaines.

8. C'est un péché d'intimider les serviteurs du Seigneur.

C'est un péché d'intimider des gens par la menace ou le chantage à propos de l'information que vous avez à leur sujet. C'est un péché aux yeux de Dieu. Le Seigneur connaît les secrets et les péchés secrets de Ses serviteurs. David, le doux psalmiste, priait au sujet de ses péchés secrets. « Tu mets devant toi nos iniquités, Et à la lumière de ta face nos fautes cachées. » (Psaumes 90 : 8).

Nos péchés sont avec le Seigneur et Il sait ce qu'Il va faire avec nous. Il est le juge et nous nous tenons debout ou tombons devant Lui. C'est de la méchanceté de profiter de quelqu'un parce que vous l'avez vu dans sa faiblesse. C'est ce mal que la médecine et le droit cherchent à empêcher, par leurs lois sur la confidentialité du client.

Les médecins, les avocats et même les pasteurs ne sont pas autorisés à révéler ou utiliser leurs informations pour manipuler ou menacer leurs clients. Mais c'est exactement ce que le diable fait. Il prétend connaître les serviteurs de Dieu d'une manière que les gens ignorent et il aime à utiliser ce pouvoir pour les intimider et les détruire s'il le peut.

Néhémie a prié Dieu afin qu'Il juge Sanballat et Tobiya, pour l'avoir intimidé.

« Écoute, ô notre Dieu, comme nous sommes méprisés ! Fais retomber leurs insultes sur leur tête, et livre-les au pillage sur une terre où ils soient captifs. Ne pardonne pas leur iniquité, et QUE LEUR PECHE NE SOIT PAS EFFACE de devant toi : car ils ont offensé ceux qui bâtissent. » (Néhémie 4 : 4-5).

9. Vaincre l'esprit d'intimidation en menant une vie vertueuse.

Je ne parlerai plus guère avec vous; car le prince du monde vient. Il n'a rien en moi.

Jean 14 : 30

Jésus S'attendait à ce que le diable vienne à lui pour le tenter et l'intimider. C'est certain ! Tout comme la nuit suit le jour, vous pouvez vous attendre à ce que des démons viennent à votre rencontre en disant : « Je te connais ! Je suis au courant ! Je sais ce que les gens ignorent ! »

N'avez-vous jamais entendu des gens emplis de haine et de rébellion dire : « Je le connais. Vous ne le connaissez pas comme je le connais ? Je peux vous dire des choses qui vous laisseront bouche bée. »

Ces gens sont les porte-paroles du diable, disant exactement ce que les démons disaient à l'époque de Jésus, « Je te connais, je sais qui tu es ! »

Jésus a dit que le diable ne pouvait avoir aucun pouvoir ou aucune prise sur lui. Il était sans peur en face du diable. La droiture produit un ministère audacieux, sans détours.

Le méchant prend la fuite sans qu'on le poursuive, Le juste a de l'assurance comme un jeune lion.
Proverbes 28 : 1

Grâce à la vertu, vous pouvez hardiment affronter les intimidations du diable.

10. Vaincre l'intimidation en priant pour avoir de l'assurance.

Votre vie n'est peut-être pas aussi parfaite que Celle de Jésus. Mais vous pouvez toujours faire preuve d'audace dans le Seigneur et dans le ministère. Vous avez besoin de prier pour avoir l'audace d'œuvrer au milieu d'alarmantes menaces sur votre intégrité et votre ministère. Dieu peut vous donner l'audace, en dépit de tous vos péchés secrets et des erreurs de votre passé.

TOUT CELA, demandez-le à Dieu dans la prière. Oui, priez en toute occasion, avec l'assistance de l'Esprit. À cet effet, soyez vigilants et continuellement fidèles.

Priez pour l'ensemble du peuple de Dieu ; priez aussi pour moi, afin que Dieu m'inspire LES MOTS JUSTES QUAND JE M'EXPRIME, ET QUE JE PUISSE REVELER AVEC ASSURANCE le secret de la Bonne Nouvelle.

Bien que je sois maintenant en prison, je suis l'ambassadeur de cette Bonne Nouvelle. Priez donc POUR QUE J'EN PARLE AVEC ASSURANCE, comme je le dois.

Éphésiens 6 : 18-20 (La Bible en français courant)

Faites en tout temps par l'Esprit toutes sortes de prières et de supplications. Veillez à cela avec une entière persévérance, et priez pour tous les saints.

PRIEZ pour moi, afin qu'il me soit donné, quand j'ouvre la bouche, DE FAIRE CONNAITRE HARDIMENT ET LIBREMENT le mystère de l'Évangile,

pour lequel je suis ambassadeur dans les chaînes, ET QUE J'EN PARLE AVEC ASSURANCE comme je dois en parler.

Éphésiens 6 : 18-20

Vous êtes vous déjà demandé pourquoi Paul a prié pour avoir de l'assurance ? Vous ne ressentez un besoin d'audace que lorsque vous êtes intimidé par quelque chose. Paul était entouré par des gens qui menaçaient de le tuer s'il continuait à prêcher la bonne nouvelle de Christ.

Il était intimidé par l'ennemi et se sentait menacé. Il sentait qu'il lui était demandé de se taire ou de payer un prix élevé. Alors il se mit à prier pour être affirmé et Dieu lui a donné la grâce de continuer son ministère en dépit des intimidations qui l'entouraient.

Aujourd'hui, beaucoup d'entre nous n'ont pas l'audace de continuer à prêcher l'Évangile de Jésus-Christ. Beaucoup de pasteurs sont soumis à la pression de prêcher au sujet de l'argent, du succès et de la prospérité, parce que c'est ce que la plupart des gens prêchent.

L'esprit du monde est si puissant que les pasteurs sont intimidés quand ils prêchent le pur message de l'Évangile.

Il est temps de prier pour avoir l'audace de surmonter l'intimidation de l'ennemi.

L'esprit d'intimidation est un esprit qui cherche à éloigner votre vie de la volonté de Dieu.

Levez-vous et continuez à avancer ! Vous pouvez le faire ! Ne soyez pas intimidé par les esprits mauvais qui vous menacent. Dieu vous accorde l'audace et la force pour le ministère qui se trouve devant vous.

Chapitre 4

Comment l'intimidation peut vous empêcher de prêcher

> Que si toutefois vous souffrez quelque chose pour la justice, vous êtes bienheureux; mais ne craignez point les maux DONT ILS VEULENT VOUS FAIRE PEUR, et n'en soyez point troublés
>
> 1 Pierre 3 : 14
> (Martin)

Un jour, j'ai assisté à un enterrement très triste. Comme je regardais la personne dans le cercueil en pleurant, le Saint-Esprit m'a parlé et m'a dit : « Cette tristesse est le résultat de la rébellion de l'homme. » Le Seigneur ne parlait pas de cette personne en particulier mais de la mort en général. « La rébellion est une très mauvaise chose. La fierté amena les hommes à se rebeller contre Dieu et cette rébellion a entraîné la destruction de la race humaine. »

Chaque enterrement, chaque maladie, chaque mort et chaque tragédie est, finalement, causée par la rébellion et la déloyauté de l'homme envers son créateur. Le Saint-Esprit me dit : « N'arrêtez pas de prêcher au sujet de la déloyauté. Vous luttez contre un mal terrible qui harcèle la race humaine. Ce mal détruira l'église si vous lui permettez de s'épanouir. Combattez la déloyauté, l'oubli, et la trahison de tout votre cœur.

Ne lui permettez pas de prendre racine !

Ne soyez pas intimidé par les ennemis, rebelles à ce message ! »

Voyez-vous, à plusieurs reprises, des tentatives ont été faites pour m'intimider à propos de l'enseignement sur la déloyauté. Toute la Bible est un enseignement sur la façon dont l'homme a été infidèle à Dieu et les effets que cela a eu sur la race humaine.

Les personnes rebelles détestent intensément ce message. Elles ont dit beaucoup de choses, à de nombreuses occasions, pour me faire me sentir mal au sujet du prêche sur la loyauté et de déloyauté. De nombreuses fois j'ai eu envie de prêcher sur un autre sujet, à cause de l'intimidation, qui combat la vérité.

Il existe de nombreux exemples de l'esprit d'intimidation s'élevant pour vous empêcher de prêcher contre la déloyauté. Beaucoup de ces choses me sont arrivées, et donc, peuvent vous arriver.

1. Les personnes déloyales vous intimideront en disant, « *Il n'a aucun pouvoir dans son ministère c'est pourquoi il prêche à ce sujet.* C'est juste un administrateur. Il n'a pas reçu l'onction, ni l'esprit ». Quand j'ai entendu des gens faire ce genre de commentaires au sujet de mon ministère, j'ai été intimidé et je voulais leur prouver que j'avais reçu l'onction, l'Esprit et la puissance. Je ne voulais pas être perçu comme faible, parce que je prêchais sur la loyauté et la déloyauté. Ce sont très précisément ces sujets, la loyauté et la fidélité qui ont construit et stabilisé d'innombrables églises.

2. Les gens peuvent vous intimider en disant : « Il n'a rien à prê-cher ». Un jour, après que j'eus fini de prêcher, un pasteur adjoint a dit à son pasteur, « Quel est le problème avec l'Evêque Dag ? *N'a t-il rien à prêcher ?* Qui lui a dit que nous nous querellions dans notre église ? Pourquoi continue-t-il à enseigner sur la fidélité à chaque fois qu'il vient ici ? »

3. J'ai été intimidé, un jour, quand un pasteur parla de moi et dit : « *Le message sur la loyauté et de la déloyauté est absurde.* » Cet homme ne pouvait supporter ma prédication sur le sujet parce qu'il était sur le point de lancer son église dissidente. À une autre occasion, un pasteur piétina mon livre « Loyauté et Déloyauté ». Il voulait le mettre en pièces et le pulvériser. Il voulait le réduire en poussière. « *Ce sont des absurdités, des immondices, c'est une fausse doctrine* » criait-il en le piétinant encore et encore.

4. Les personnes déloyales ne veulent pas que vous parliez de la loyauté et de la déloyauté. Cela les expose et rend tout le monde conscient de leurs activités. Un jour, je prêchais sur les pères et les fils, dans le ministère. Comme je prêchais sur la façon dont Absalom s'éleva contre son père, quelqu'un cria, « *Je suis Absalom, hein ...* ? »

À une autre occasion, j'ai enseigné sur la façon dont Lucifer s'est rebellé contre Dieu, alors qu'il marchait au milieu des pierres étincelantes. Lucifer oublia que Dieu l'avait créé ainsi, l'avait nommé et avait fait de lui ce qu'il était. Ce pasteur rebelle a réagi vivement et dit : « Oh je vois, je suis Lucifer maintenant ? *Vous m'appelez Lucifer maintenant, alors que je vous ai servi pendant si longtemps ?* »

5. Les personnes déloyales vous font vous sentir un mauvais père, sans amour, parce que vous les corrigez ou rejetez un comportement rebelle. À différentes occasions, des fils attirèrent mon attention sur le livre de Rick Joyner, *L'ultime assaut*.

Un jeune pasteur m'envoya un texte et m'indiqua les pages du livre *L'ultime assaut* que je devrais lire. Ils me mettaient en garde, en soulignant à quel mauvais jugement s'exposaient, au Paradis, les pères spirituels qui rejetaient leurs fils. Au lieu de corriger leur comportement fier et rebelle, ils m'intimidaient en m'accusant d'être un mauvais père spirituel. Quelle merveille ! Quelqu'un a même décrit ma prédication comme « une cam-pagne de dénigrement ».

Lorsque vous entendez ce genre de choses, vous pouvez facilement arrêter de prêcher au sujet de la loyauté et de la déloyauté. Vous pouvez craindre pour vous-même et fuir le conflit créé par le fait que vous abordiez ce comportement déloyal et rebelle.

6. Les personnes déloyales vont essayer de vous intimider en disant que vous menez votre église comme une secte. Un pasteur que j'avais nommé m'a envoyé un document qui décrit les caractéristiques d'une secte. Il voulait me faire

changer mon message sur la loyauté et la déloyauté, en disant que c'était quelque chose que les sectes enseignaient.

Il m'a dit, « *Il n'est pas facile de quitter une secte, et il n'est pas facile de quitter votre église. Parce qu'il n'est pas facile de quitter votre église, votre église est peut être une secte.* » Cet homme quitta mon Église, l'appelant une secte, mais finit par revenir à la « secte » après des années d'errance dans le désert du ministère. Il ne faut pas vous laisser intimider par la vérité de la Parole de Dieu, peu importe les choses douloureuses que les gens disent au sujet de votre message.

7. Les personnes déloyales essaient de vous intimider en vous faisant sentir coupable et ingrat. Ils essaient de vous faire sentir que vous êtes un ingrat et une personne déraisonnable.

   Un pasteur m'a dit, « je vous ai servi pendant cinq ans. »

   Un autre dit, « *Est-ce ce qu'il dit après que je lui aie construit son organisation.* »

   Puis, un autre dit, « *Est-ce ce qu'il dit après que je l'aie rendu important pendant tant d'années ?* » Ce gars appelait son service dans le ministère : « *Rendre Dag Heward-Mills important.* » De toute évidence, il pensait qu'il me faisait une faveur en étant nommé ministre.

8. Les personnes en colère et déloyales vont essayer de vous intimider pour que vous ne disiez rien sur eux. La femme d'un pasteur a tenté de calmer son mari qui pestait contre l'église, en la quittant. Elle lui dit : « Ne dis pas de mal de l'église. Ne dis pas de mauvaises choses sur l'Evêque. N'oublies pas que tu as été formé et nommé par cet homme de Dieu. »

   Mais il n'entendait rien de tout cela.

   Il disait, « *Je serai critiqué, de toute façon. Ils me saliront quand je partirai, je les connais* ».

Voyez vous, ce gars avait été dans l'église pendant de nombreuses années et connaissait tout des comportements rebelles. Lui-même avait enseigné contre la déloyauté, mais maintenant, il était déloyal, dans son moment de colère.

Chapitre 5

Pourquoi vous ne devriez pas être intimidé

1. Ne soyez pas intimidé de prêcher contre la déloyauté, car vous luttez contre l'esprit de mort et de désolation. La seule chose que la rébellion ait apporté à cette terre, c'est la mort, le chagrin, la tristesse et la douleur. Toute lutte contre la rébellion est un juste combat et doit être menée.

   […] et le péché, étant consommé, produit la mort.
   Jacques 1 : 15

2. Ne soyez pas intimidé de prêcher contre la déloyauté, car la Parole de Dieu vous enjoint de mener un juste combat. Le Christianisme implique de combattre. Le Christianisme implique de s'engager dans le combat. Nous devons mener un bon combat. Vous ne pouvez pas et ne devez pas vous détourner du conflit, si vous voulez être un bon leader. Ceux qui ont peur du conflit légitime devront faire face, plus tard, à un problème encore plus grave.

   Le commandement que je t'adresse, Timothée, mon enfant, selon les prophéties faites précédemment à ton sujet, c'est que, d'après elles, TU COMBATTES LE BON COMBAT,
   1 Timothée 1 : 18

3. Ne soyez pas intimidé de prêcher contre la déloyauté, car vous ne devez perdre aucune de vos brebis. N'êtes-vous pas un berger ? N'avez-vous pas reçu un divin mandat de Dieu pour vous occuper des brebis qui vous sont confiées ?

   […] J'ai gardé ceux que tu m'as donnés, et aucun d'eux ne s'est perdu […]
   Jean 17 : 12

Ne soyez pas intimidé parce que vous ne pouvez laisser les brebis être les proies des loups. Seuls les mercenaires ne se battent pas pour leurs brebis. « Le mercenaire s'enfuit, parce qu'il est mercenaire, et qu'il ne se met point en peine des brebis » (Jean 10 : 13). Un bon berger est un bon combattant. Un bon berger est prêt au conflit quand il concerne ses brebis.

4. Ne soyez pas intimidé de prêcher contre la déloyauté, car il ne faut pas se laisser tromper par les ruses et les stratagèmes du diable, qui vient comme ange de lumière.

Les personnes déloyales apparaissent comme anges de lumière. Ils viennent comme des hommes de bon standing, impressionnants dans la congrégation. Ils utilisent leur don afin d'influencer les plus simples et les plus naïfs d'entre nous. Ils emmènent en captivité les jeunes et immatures brebis dont Dieu nous a confié le soin. Il est de votre devoir faire face à ces anges de lumière, peu importe s'ils paraissent polis, dignes ou diplomates. Vous devez leur dire : « Vous n'êtes pas un ange. Je vous connais et je sais pourquoi vous êtes là. Vous êtes un voleur de brebis ! Et je me battrai avec vous pour chaque brebis qui m'est confiée. »

[...] ces hommes-là sont de faux apôtres, des ouvriers trompeurs, déguisés en apôtres de Christ. Et cela n'est pas étonnant, puisque Satan lui-même se déguise en ange de lumière. »
2 Corinthiens 11 : 13-14

Ne soyez pas trompé par ces personnes de belle apparence et parlant joliment. Beaucoup d'entre eux ont une tellement belle apparence et élocution qu'ils pourraient facilement trouver un emploi de présentateurs d'émissions ou de journaux télévisés.

Ces gens sont tellement charmants qu'ils sont facilement choisis pour être représentants des élèves, et même présidents de pays (pensez y, vous avez besoin d'avoir bonne apparence et bonne élocution pour obtenir un de ces postes).

5. Ne soyez pas intimidé de prêcher contre la déloyauté, car les faux prophètes et enseignants abondent dans les derniers jours. Si vous n'êtes pas prêt à affronter les faux ministres qui cherchent à diviser et semer la confusion vous ne pourrez jamais avoir un grand ministère. Vous les reconnaîtrez à leurs fruits ! Quand quelqu'un sème la confusion, la destruction et la division dans son sillage, les fruits parlent d'eux-mêmes.

Quand quelqu'un détruit ce qu'il a aidé à construire, il fait de sa vie un péché, selon la Bible. Pourquoi dépenser la moitié de votre vie à construire quelque chose et l'autre moitié de votre vie à le détruire ? « Car, si je rebâtis les choses que j'ai détruites, je me constitue moi même un transgresseur » (Galates 2 : 18).

Paul nous enseigne à identifier et à éviter les personnes qui divisent le troupeau et détruisent la paix du ministère.

Je vous exhorte, frères, À PRENDRE GARDE À CEUX QUI CAUSENT DES DIVISIONS et des scandales, au préjudice de l'enseignement que vous avez reçu. Eloignez-vous d'eux.

Romains 16 : 17

Comment exposer quelqu'un en pleine lumière ? Vous devez dénoncer, enseigner et dire aux gens les activités dangereuses des personnes déloyales et rebelles ! Ce n'est pas une chose agréable d'exposer les personnes et d'enseigner à leur sujet. Mais si vous n'êtes pas prêt à dénoncer et à éviter ces personnes, vous ne pouvez être un apôtre fort et construire de nombreuses églises.

John Wesley, dont le mouvement méthodiste existe partout dans le monde, n'était pas apprécié par tout le monde. Tout le monde n'aimait pas le style de leadership de John Wesley. Tout le monde n'aimait pas les enseignements de John Wesley. Mais John Wesley disait aux gens que son église n'était pas une démocratie et que chacun était libre de partir s'il n'était pas d'accord avec lui. Vous devez être un leader fort. Il ne faut pas vous laisser intimider par ceux qui n'aiment pas l'autorité naturelle et le bon leadership.

Chapitre 6

Sept choses que vous devez savoir à propos de la confusion

1. **La confusion est le manque de clarté.** Dieu n'est pas l'auteur des choses qui ne sont pas claires.

   > [...] Que jamais je ne sois confondu !
   >
   > Psaumes 71 : 1

   La confusion résulte d'un manque de comportement clair et ordonné. Quand quelqu'un est parfois fidèle et parfois déloyal, il demeure incertain de ce qu'il croit. Dieu n'est pas l'auteur des choses qui ne sont pas claires. Dieu est un Dieu de lumière. La confusion est une mauvaise chose, David a prié pour que cela ne lui arrive jamais.

2. **La confusion est une arme de guerre.** Satan aime déconcerter le leader et le rendre incertain

   > Qu'ils soient honteux et confus, ceux qui en veulent à ma vie ! Qu'ils reculent et rougissent, ceux qui désirent ma perte !
   >
   > Psaumes 70 : 2

   Quand le chef est troublé, il est affaibli et n'a pas le pouvoir d'avancer avec la force nécessaire. Le psalmiste a prié pour que ses ennemis expérimentent la confusion afin qu'ils cessent de le poursuivre. Le diable veut que les gens soient troublés et incertains afin qu'ils puissent être empêchés de le combattre.

3. **La confusion est une arme de guerre.** Satan aime déconcerter les personnes qui vous entourent.

   > Qu'ils soient honteux et confus, ceux qui en veulent à ma vie ! Qu'ils reculent et rougissent, ceux qui méditent ma perte !
   >
   > Psaumes 35 : 4

Satan aime brouiller les gens pour qu'ils se posent des questions à votre sujet. Êtes-vous une bonne personne ? Êtes-vous une mauvaise personne ? Les histoires que nous avons entendues à votre sujet sont elles vraies ? Y a t-il de la fumée sans feu ? N'êtes-vous pas un voleur comme ils le prétendaient ?

Je vous le dis, il est difficile d'avoir des personnes brouillées dans votre congrégation ou votre équipe de direction.

Il y a toujours des gens qui vous aiment, mais qui, également, se méfient de vous. Il y a des gens qui sont à la fois fidèles et déloyaux.

En leur compagnie, vous ne savez jamais ce qu'il faut prêcher. Vous pouvez également ne pas savoir s'il faut les inclure dans certaines réunions ou non.

Satan prie continuellement afin que les gens qui le combattent soient dans la confusion. Satan est désespéré, car de puissants dirigeants oints le harcellent dans les communautés et les territoires qu'il a dominés pendant des années. Satan ne sait pas quoi faire pour défaire les armées du Seigneur, alors il lance des fléchettes et des questionnements qui atteignent la pensée de tous.

Alors, vous avez des masses de gens confus qui sont incertains, ne savent pas s'il faut tourner à gauche, à droite aller de l'avant ou faire marche arrière.

4. **La confusion est démoniaque ! La confusion c'est l'incertitude, le brouillage des cartes, la mystification des conséquences, le mélange des bonnes attitudes et des mauvaises attitudes.**

Les gens confus sont parfois fidèles et en même temps déloyaux. La confusion ne vient pas de Dieu. La confusion vient du diable. La confusion est une arme du diable.

Car Dieu *n'est pas un Dieu de désordre*, mais de paix, Comme dans toutes les églises des saints.

1 Corinthiens 14 : 33

Il y a des gens dont la loyauté est toujours remise en question. Parfois, la personne peut sembler très loyale et à d'autres moments, déloyale.

Beaucoup de gens ont effectivement ce trait de caractère, être à la fois fidèles et déloyaux. À certains moments, ils démontrent beaucoup de loyauté et de fidélité et à d'autres moments, ils sont déloyaux. Ces gens sont confus.

Il est important que vous fassiez attention à ces personnes et les repériez soigneusement. Ils peuvent être de votre côté ou ils peuvent se retourner contre vous en fonction du problème qui se présente.

J'ai ce genre de personnes autour de moi, comme tous les responsables. Il est difficile de diagnostiquer ce mélange de loyauté et de déloyauté. Plus d'une fois, des personnes ont donné mon nom à leurs enfants et en même temps me firent du mal. Mais ils me firent le grand honneur de donner mon nom à leurs fils.

Il y a des années, j'ai lu ce que Kenneth Hagin disait sur le fait que quelqu'un avait donné son nom à son enfant. Je me suis dit, « quel honneur », mais je n'aurais jamais imaginé que quelqu'un puisse me faire un tel honneur un jour. À mon grand étonnement, plusieurs personnes ont donné mon nom à leurs enfants. Je vois cela comme un grand et permanent honneur qui m'est fait.

Mais comment quelqu'un peut me faire un tel honneur et attaquer mon ministère en même temps ? Un pasteur a donné mon nom à son fils et quelques mois après, s'est rebellé et a détourné la branche de l'église dont il était pasteur. Il a rebaptisé l'église, éloigné la congrégation et a virtuellement volé notre église.

Tout cela a été fait peu de temps après m'avoir fait un grand honneur. J'ai vécu ce genre de loyautés mixtes plus d'une fois.

Vous pouvez vivre avec ces personnes pendant des années et ne jamais réaliser à quel point elles vous sapent constamment, parce qu'elles vous sont aussi fidèles.

Je me souviens d'un autre membre de mon équipe qui avait soutenu le ministère depuis de nombreuses années. Je ne pense pas que j'aurais pu trouver une personne plus fidèle et je m'attendais à ce qu'il soit avec moi dans le ministère jusqu'à la fin. Son soutien a été, comme le soutien de Joab, de longue date et inébranlable.

Et pourtant, dans le même personnage, il y avait une personne qui attisa les dissensions lors de nombreuses réunions. À de nombreuses reprises, son attitude a semé la discorde parmi les pasteurs, a changé des bons moments de camaraderie dans les sessions de débat, qui a laissé un goût très amer.

Maintes et maintes fois, il excita des différends sous le prétexte d'être objectif, franc et de ne pas être un homme qui dit toujours « oui ». Il disait souvent qu'il exprimait l'avis de plusieurs qui n'avaient tout simplement pas le courage de poser certaines questions.

Il le fit avec un bon motif, mais le fruit de ceci a été l'interruption de réunions pastorales jusqu'à ce que je n'aime plus avoir des réunions avec mes propres pasteurs.

En raison de la loyauté inébranlable et permanente de ce même pasteur, j'ai toujours été trompé et ne pouvais pas mettre le doigt sur ce qu'il se passait avec lui.

Il m'a fallu des années, après ces expériences pour que je réalise que j'avais eu à faire face à un mélange de loyauté et de déloyauté dans la même personne. Je sais que les graines semées au cours de ces réunions n'étaient pas bonnes à cause des fruits qu'elles apportaient.

Quel a été le fruit de ces discussions « objectives » ? Le fruit de ces débats était de détourner le cœur du père loin de ses fils. Sans le savoir, j'ai perdu tout intérêt envers mes propres pasteurs et me suis détourné d'eux. Je n'aimais plus avoir des réunions avec mes propres pasteurs et inconsciemment les évitait.

Le Saint-Esprit ne circule pas dans une atmosphère de conflits. Les disputes et les débats mettent le désaccord dans la divergence d'opinion qui divise une équipe. Une fois l'unité et l'union rompues, l'environnement nécessaire à l'onction disparait. Un débat qui est constamment plein de rancunes est peut-être bon pour le Parlement mais il n'est pas bon pour la construction d'une équipe ointe.

Nous avons à préserver l'unité de l'Esprit dans une atmosphère de paix. « […] vous efforçant de conserver l'unité de l'esprit par le lien de la paix. » (Éphésiens 4 : 3).

Y a-t-il, dans la Bible des gens qui sont à la fois fidèles et déloyaux ? Oui. Joab est un bon exemple de ce mélange. Sa loyauté envers David était de longue date. Il a soutenu David dès le début, quand David n'était pas encore Roi. Pourtant, Joab était un homme qui était à la fois fidèle et déloyal.

5. **Une personne confuse vous soutiendra et s'opposera à vous.**

Le mélange de soutien et d'opposition

Joab est mentionné pour la première fois alors que David était encore un réfugié dans le désert poursuivi par Saül. Remarquez la nature de la fidélité de Joab et comment elle a coexisté avec la déloyauté.

Remarquez comment Joab a soutenu David quand il n'était même pas encore dans le ministère.

Joab a soutenu David quand il était encore un réfugié. Il y a des amis que Dieu vous donne dès l'enfance. Certaines de ces personnes sont fidèles tandis que vous progressez dans le ministère. De telles personnes sont vos partisans tout au long de votre vie. « David prit la parole, et s'adressant à Achimélec, Héthien, et à Abischaï, fils de Tseruja et frère de Joab, il dit : Qui veut descendre avec moi dans le camp vers Saül ? Et Abischaï répondit : Moi, je descendrai avec toi. » (1 Samuel 26 : 6).

Remarquez comment Joab a soutenu David quand il était petit et insignifiant.

Joab soutenu David quand il était le Roi d'une seule tribu. Toute personne qui vous accompagne lorsque vous n'êtes rien est une bonne personne. Ne la laissez jamais partir. Elle est l'une des meilleures choses qui vous soit arrivée.

Les gens qui vous aiment alors que vous avez déjà réussi doivent en faire plus pour prouver qu'elles vous aiment vraiment et pas seulement les privilèges des gens riches et célèbres. « Joab, fils de Tseruja, et les gens de David, se mirent aussi en marche. Ils se rencontrèrent près de l'étang de Gabaon, et ils s'arrêtèrent les uns en deçà de l'étang, et les autres au delà. Abner dit à Joab : Que ces jeunes gens se lèvent, et qu'ils se battent devant nous ! Joab répondit : Qu'ils se lèvent ! » (2 Samuel 2 : 13-14).

Remarquez comment Joab livra de nombreuses batailles et s'engagea dans maintes querelles pour David.

Quelle bénédiction d'avoir quelqu'un qui se bat pour vous et prend quelques mauvais coups en votre nom. Joab a combattu lors de nombreuses guerres au nom de David. « Voici, Joab et les gens de David revinrent d'une excursion, et amenèrent avec eux un grand butin [...] » (2 Samuel 3 : 22).

Remarquez comment Joab élimina du groupe les rebelles et les autres éléments déloyaux.

Joab a tué plusieurs personnes dont la loyauté était douteuse. Il ne pouvait supporter les gens qui n'étaient pas totalement dévoués à son Roi. Il avait un œil sur ces gens déloyales que les gens semblaient accueillir.

Tout d'abord il a tué Abner qui avaient soutenu Isboseth, fils de Saül pendant de nombreuses années. « Lorsque Abner fut de retour à Hébron, Joab le tira à l'écart au milieu de la porte, comme pour lui parler en secret, et là il le frappa au ventre et le tua, pour venger la mort d'Asaël, son frère. » (2 Samuel 3 : 27).

Deuxièmement, il a tué Absalom, fils de David qui avait renversé son propre père. « Joab dit : Je ne m'arrêterai pas auprès de toi ! Et il prit en main trois javelots, et les enfonça dans le cœur d'Absalom encore plein de vie au milieu du térébinthe. » (2 Samuel 18 : 14).

Troisièmement, il a tué Amasa qui avait été nommé par Absalom commandant des armées qui ont combattu le Roi David. « Amasa ne prit point garde à l'épée qui était dans la main de Joab ; et Joab l'en frappa au ventre et répandit ses entrailles à terre, sans lui porter un second coup. Et Amasa mourut. » (2 Samuel 20 : 10).

Pourtant, Joab s'opposa à David lorsque celui-ci choisit que Salomon soit roi. David choisit que Salomon soit roi, mais Joab appuya la tentative d'Adonija d'être roi à la place de Salomon. « Adonija, fils de Haggith, se laissa emporter par l'orgueil jusqu'à dire : C'est moi qui serai roi ! Et il se procura un char et des cavaliers, et cinquante hommes qui couraient devant lui. Il eut un entretien avec Joab, fils de Tseruja, et avec le sacrificateur Abiathar; et ils embrassèrent son parti. » (1 Rois 1 : 5,7).

Si vous donnez à quelqu'un un nom et que les gens refusent d'aborder la personne par son nouveau nom, c'est une manifestation du rejet par les gens de vos souhaits, de votre bienveillance et de votre autorité.

C'est sûrement, un signe qui révèle le cœur des gens. Aussi, si vous donnez à quelqu'un un nom et la personne n'insiste pas pour être appelée par ce nouveau nom, il révèle dans quelle mesure vos souhaits et vos désirs sont acceptés et soutenus par la personne elle-même.

Cher Dirigeant, les gens ne vous diront pas ce qu'il y a dans leurs cœurs, car ils ne le peuvent pas. Parfois, ils ne savent même pas ce qui est dans leur propre cœur. Méfiez-vous des gens qui ne soutiennent pas vos souhaits, vos désirs et votre autorité. L'opposition expose le cœur des gens !

6. **Une personne confuse vous honore et vous déshonore.**

Le mélange d'honneur et de déshonneur

Une des choses que vous devez surveiller est la façon dont les gens se comportent avec ceux que vous avez nommés. Dans une grande église, c'est le signe le plus révélateur de la déloyauté. Dans un grand ministère, les gens sont toujours en relation avec vous à travers vos représentants.

Vous pouvez connaître leurs véritables sentiments envers vous en observant comment ils se comportent avec ceux que vous avez nommés. Quelqu'un qui n'accepte pas votre femme ne vous accepte pas.

Je remarque toujours les gens qui sont en litige permanent avec mes administrateurs, Surveillants Généraux, mes assistants personnels et secrétaires. Pour moi, c'est l'un des signes les plus évidents de mépris, de manque de respect et d'aversion envers moi-même.

Vous devez comprendre comment Dieu Se sent quand nous critiquons et rejetons les personnes qu'Il a appelées et ointes.

Critiquer quelqu'un que Dieu a appelé et nommé veut dire que Dieu n'est pas assez intelligent et a bêtement nommé la mauvaise personne. Quand les gens luttent et s'opposent en permanence à ceux que j'ai nommés, ils m'envoient un message clair !

Remarquez comment Joab a constamment reconnu la position de David et refusa de détruire l'honneur de David.

Joab a appelé David à venir et à recevoir l'honneur des victoires qu'il avait remportées dans la guerre. Il n'a pas pris cet honneur pour lui-même. La plupart des assistants voudraient prendre un peu d'honneur pour eux-mêmes.

Un assistant fidèle donné par Dieu est heureux lorsque son chef reçoit le crédit de ses actes. « Voici, Joab et les gens de David revinrent d'une excursion, et amenèrent avec eux un grand butin [...] » (2 Samuel 3 : 22).

Un mélange de loyauté et de trahison est quelque chose que la plupart des dirigeants ne sont jamais en mesure de traiter parce qu'ils ne comprennent tout simplement pas qu'ils y font face.

Remarquez comment Joab resta avec David jusqu'à la fin. Il n'est pas facile de trouver des personnes qui seront avec vous toute votre vie.

C'est le genre de personne qu'a été Joab, il fut là jusqu'à la fin. « David approchait du moment de sa mort, et [...] Joab » (1 Rois 2 : 1-5).

Mais d'autre part, Joab déshonora David en remplaçant et en tuant les gens nommées par David. David nomma Amasa commandant de l'armée à la place de Joab. « De son côté, le roi David envoya dire aux sacrificateurs Tsadok [...] Vous direz aussi à Amasa : N'es-tu pas mon os et ma chair ? Que Dieu me traite dans toute sa rigueur, si tu ne deviens pas devant moi pour toujours chef de l'armée à la place de Joab ! » (2 Samuel 19 : 11-13). Mais Joab trompa Amasa et l'a tué alors qu'il ne s'y attendait pas. « Amasa ne prit point garde à l'épée qui était dans la main de Joab ; et Joab l'en frappa au ventre et répandit ses entrailles à terre, sans lui porter un second coup. Et Amasa mourut. » (2 Samuel 20 : 10).

7. Une personne confuse vous obéira et vous désobéira.

Un mélange d'obéissance et de désobéissance

Une personne loyale, c'est quelqu'un qui obéira à pratiquement toutes les directives. L'intense loyauté de Joab envers David est démontrée par la façon dont il a tué Urie, un de ses propres hommes, sur les instructions de David. Tout ce qu'il lui fallait, c'était une missive de David et il agissait. Joab obéit à chaque instruction de la lettre de David. Il n'avait besoin d'aucune explication dans la lettre. David n'a pas eu à voir Joab en personne pour expliquer comment il avait, par erreur, fécondé Bethsabée. Si David lui avait dit de tuer l'un des commandants, alors cela aurait été fait.

En réalité, il n'y a pas beaucoup de personnes qui sont si obéissantes.

« Le lendemain matin, David écrivit une lettre à Joab, [...] Il écrivit dans cette lettre : PLACEZ URIE AU PLUS FORT DU COMBAT, et retirez-vous de lui, afin qu'il soit frappé et qu'il meure. Joab [...] Urie à l'endroit qu'il savait défendu par de vaillants soldats. » (2 Samuel 11 : 14-16).

Mais en revanche, Joab tua des personnes que le roi David aimait. Il fit toutes ces choses contre la volonté de David.

Joab tua Abner, en dépit des instructions claires du Roi David à ce sujet. Abner avait tué le frère de Joab, Asaël, et Joab avait une dette personnelle à régler avec Abner.

Joab tua aussi Absalom, même si David avait clairement demandé qu'Absalom ne fut point tué.

Ces actions démontrent clairement la désobéissance et la déloyauté qui étaient cachées en Joab. David n'a jamais oublié la déloyauté de Joab, et sur son lit de mort, il donna à Salomon l'instruction d'exécuter Joab à cause de ces actes.

Peut-être, David n'exécuta pas lui-même Joab parce que Joab lui avait également été très fidèle et participa à de nombreuses batailles pour lui. « Tu sais ce que m'a fait Joab, fils de Tseruja, ce qu'il a fait à deux chefs de l'armée d'Israël, à Abner, fils de Ner, et à Amassa, fils de Jéther. Il les a tués ; il a versé pendant la paix le sang de la guerre [...] Tu agiras selon ta sagesse, et tu ne laisseras pas ses cheveux blancs descendre en paix dans le séjour des morts. » (1 Rois 2 : 5-6).

Chapitre 7

Qu'est-ce que la familiarité ?

La familiarité signifie connaître tellement quelqu'un ou quelque chose que cela vous fait perdre votre admiration, votre respect et sens de l'émerveillement.

David rentra chez lui pour saluer les siens. Mais Mikal sortit au-devant de lui et lui dit : Qu'il était glorieux, aujourd'hui, le roi d'Israël, lorsqu'il s'est donné en spectacle devant les servantes de ses serviteurs, à moitié nu comme le ferait un homme de rien !

David lui répondit : C'est en l'honneur du Seigneur que j'ai agi ainsi, lui qui m'a choisi, de préférence à ton père et à toute sa famille, pour faire de moi le chef d'Israël son peuple et je manifesterai encore ma joie en son honneur. Je m'abaisserai, je m'humilierai encore plus à mes propres yeux, mais c'est ainsi que je serai glorieux, même pour les servantes dont tu parlais.

Mikal, fille de Saül, n'eut pas d'enfant jusqu'à sa mort.

2 Samuel 6 : 20-23
(La Bible en français courant)

1. **La familiarité signifie connaître tellement quelqu'un ou quelque chose que cela vous fait perdre votre admiration, respect et sens de l'émerveillement.**

La familiarité conduit à la présomption et l'arrogance. Une personne qui souffre de la familiarité devient trop confiante, d'une manière qui amène un manque de respect. Mikal, l'épouse du roi David, était tellement familière qu'elle a critiqué le roi pour son style de louange et d'adoration.

Elle connaissait tellement le Roi qu'elle perdit son sens de l'émerveillement. Elle a critiqué le roi pour son exubérance face à des filles qu'elle considérait comme insignifiantes.

Lorsque les gens travaillent de près en collaboration avec un homme de Dieu, ils ont la tendance de perdre leur sens de l'émerveillement. Certains perdent aussi leur admiration et leur respect. La perte de l'admiration et du respect se manifeste de nombreuses manières subtiles.

Mikal, l'archétype de la femme critique et familière, démontra son manque de respect par le genre de remarques ou de reproches qu'elle fit à son mari. Mikal devint détachée, critique et déloyale envers son roi. Mikal développa cette attitude parce qu'elle connaissait le roi de la tête aux pieds. Elle l'avait vu jouer avec elle comme un petit garçon. Elle avait entretenu des rapports avec lui en ses moments les plus exposés et spontanés.

Cette familiarité a malheureusement érodé le respect mystique et la crainte que de nombreuses personnes aient envers le roi. C'est pourquoi elle se retourna contre lui. C'est ce qui arrive à beaucoup d'épouses de serviteurs de Dieu. Il n'y a rien de nouveau sous le soleil. Il est facile de devenir familier et de perdre votre sens de l'émerveillement quand vous voyez un homme très respecté assis sur les toilettes ou se comporter comme un ballon à gaz dans la maison !

Vous devez avoir un don pour travailler dans le palais du roi et résister à la tendance de devenir trop familier.

Dans le livre de Daniel, les trois hommes, Schadrac, Méschac et Abed-Nego ont été décrits comme des gens qui avaient la capacité de travailler dans le palais du roi. Là, ils pouvaient voir beaucoup de choses privées et indécentes. Ils ont pu voir les aspects de la vie courante et de l'humanité de la glorieuse famille royale. Pourtant, ils étaient tenus de maintenir un respect et une admiration réelle à leur égard. C'est ce qu'on entend par avoir la capacité de travailler dans le palais du roi.

« [...] de jeunes garçons sans défaut corporel, beaux de figure, doués de sagesse, d'intelligence et d'instruction, CAPABLES DE SERVIR DANS LE PALAIS DU ROI, et à qui l'on enseignerait les lettres et la langue des Chaldéens. » (Daniel 1 : 4).

2. La familiarité afflige plus la famille proche et les amis.

Cela amène des personnes ointes à s'éloigner de leurs familles et de leurs amis. En raison de la familiarité parmi ceux avec lesquelles vous êtes proche, il est sage pour les ministres de rechercher constamment des groupes non-familiers.

Ces groupes non-familiers peuvent être des personnes qui ne sont pas de votre famille ou proches de vous. Les groupes non-familiers sont souvent les pauvres, les oubliés et les négligés.

3. La familiarité a le pouvoir de neutraliser le plus grand des dons de Dieu.

Quelque soit la grandeur du don de Dieu, il peut être neutralisé par la familiarité. Jésus était le plus grand guérisseur et enseignant, mais Son onction a été neutralisée par la présence de gens familiers !

La familiarité est la maladie spirituelle qui peut tuer le ministère d'un prophète. La familiarité a été l'antagoniste le plus puissant de l'onction du ministère de Jésus !

La familiarité est le plus grand obstacle au passage du flot de la puissance de Dieu à travers le serviteur de Dieu !

Jésus partit de là, et SE RENDIT DANS SA PATRIE. Ses disciples le suivirent.

Quand le sabbat fut venu, il se mit à enseigner dans la synagogue. Beaucoup de gens qui l'entendirent étaient étonnés et disaient: D'où lui viennent ces choses ?

Quelle est cette sagesse qui lui a été donnée, et comment de tels miracles se font-ils par ses mains ? N'EST-CE PAS LE CHARPENTIER, Le fils de Marie [...] Et il était pour eux une occasion de chute. IL NE

PUT FAIRE LA AUCUN MIRACLE, si ce n'est qu'il imposa les mains à quelques malades et les guérit.

Marc 6 : 1-3,5

4. La familiarité est la cause de la diminution de la participation à des programmes Chrétiens.

Parce que les ministres poursuivent leur ministère dans des zones familières, leur impact diminue progressivement jusqu'à il y ait une perception que leur temps est passé.

Une fois, j'ai parlé avec un ministre qui avait travaillé avec un célèbre homme de Dieu. Il se lamentait sur la diminution de la fréquentation de leurs croisades.

Il décrivit comment il avait mené une croisade dans une certaine ville et avait eu une bonne participation de vingt mille personnes.

Ensuite, ils avaient mené une seconde croisade trois ans plus tard et la participation avait chuté à douze mille.

Puis ils ont mené une troisième croisade dans la même ville et dans le même endroit et cette fois la participation fut inférieure à cinq mille. Le ministre se lamentait parce qu'il sentait que le temps de cet homme de Dieu était fini.

Mais je ne le pense pas ! Je ne pense pas que sa mission était terminée. Je me rappelais mes propres croisades. Je me rappelle une croisade qui eut un succès tel, que plus de dix mille personnes étaient présentes. J'étais tellement encouragé par cette croisade, la plus grande que nous ayons eue à l'époque.

Parce que cette croisade était un tel succès, j'avais décidé d'en faire une autre durant l'année, dans cette même ville.

À mon grand étonnement de nombreux efforts furent nécessaires pour que six mille personnes y assistent. Cette croisade a été un tournant dans mon ministère. À partir de ce moment j'ai décidé d'éviter les gens familiarisés avec mon ministère.

Vous êtes vous déjà demandé pourquoi Jésus s'éloigna de sa ville natale Nazareth et descendit à Capharnaüm, Chorazin et Bethsaïde pour faire de grands miracles ?

Jésus n'a pas fait de grands miracles partout. Il fit de grands miracles dans des lieux particuliers où la population n'était pas familiarisée avec lui. En fait, la plupart de ses miracles ont été faits dans des lieux spéciaux. « Alors il se mit à faire des reproches aux villes DANS LESQUELLES AVAIENT EU LIEU LA PLUPART DE SES MIRACLES, parce qu'elles ne s'étaient pas repenties. » (Matthieu 11 : 20).

5. La familiarité est cause de la stérilité spirituelle.

La familiarité est le plus grand blocage à la réception de la puissance de Dieu. En raison de la familiarité, de nombreuses personnes ne croient pas en l'homme de Dieu. Ils ne croient pas que le serviteur de Dieu a quelque chose de spécial à offrir.

Parce que les gens familiers ne reçoivent pas la puissance de Dieu, ils ne valent pas grand chose. Ils ne reçoivent pas les enseignements, ils ne reçoivent pas les révélations, ils ne reçoivent pas les bénédictions et, par conséquent, ils restent dans leur état stérile.

De grands hommes de Dieu leur sont envoyés, mais ils sont incapables de recevoir ou de comprendre quoi que ce soit de ce qu'ils disent. La familiarité est l'une des plus grandes causes de stérilité spirituelle.

6. Vous pouvez être à proximité d'un homme de Dieu sans devenir familier.

Si vous avez la bonne attitude et le cœur droit, vous pouvez être à la proximité de la puissance de Dieu sans devenir familier.

Il existe de nombreux exemples de gens qui étaient proches d'un homme de Dieu, mais ne sont pas devenus familiers. Beaucoup de gens utilisent leur position de privilège pour recevoir l'onction.

Ces gens développent leur courage avec les forces de leur mentor. Mais ils permettent également que les faiblesses de leur mentor les inspirent. Ils se disent, « Si Dieu peut utiliser une personne « normale », comme ce serviteur de Dieu, alors Il peut utiliser quelqu'un comme moi. » Ils ne sont tout simplement pas rebutés par ce qu'ils voient ou entendent. Trois personnes se distinguent à cet égard.

Jean était si proche de Jésus qu'Il lui a confié sa mère. Jean décrivit Jésus d'une façon particulière dans son épître célèbre. Jean a dit, « Nous vous annonçons ce qui était dès le commencement : nous l'avons entendu, nous l'avons vu de nos propres yeux, nous l'avons contemplé et nos mains l'ont touché. Il est Jésus-Christ, le Verbe de vie.

Celui qui est la vie s'est manifesté : nous l'avons vu, nous en parlons en témoins et nous vous annonçons la vie éternelle Il était auprès du Père, et puis il nous a été montré.

« Oui, ce que nous avons vu et entendu, nous vous l'annonçons, à vous aussi, afin que vous aussi vous soyez en communion avec nous. Or, la communion dont nous jouissons est avec le Père et avec son Fils Jésus-Christ. » (1 Jean 1 : 1-3, Bible du Semeur).

D'une certaine manière, Jean n'a pas été affecté par sa proximité de Jésus.

Il semblait plutôt intimidé et plein de foi d'avoir été avec le Fils de Dieu Lui-même.

Marthe et Marie n'ont pas été affectées par leur proximité avec le Seigneur. Marthe et Marie étaient bénies d'avoir le Seigneur qui mangeait et se reposait dans leur maison. Pourtant, elles ont cru en son pouvoir de ramener à la vie leur frère mort, Lazare, après quatre jours.

« Lorsque Marthe apprit que Jésus arrivait, elle alla au-devant de lui, tandis que Marie se tenait assise à la maison. Marthe dit à Jésus : Seigneur, si tu eusses été ici, mon frère ne serait pas mort. Mais, maintenant même, je sais que tout ce que Tu demanderas à Dieu, Dieu Te l'accordera. » (Jean 11 : 20-22).

Il est encourageant de savoir que tout le monde ne succombera pas à cette condition mortelle appelée familiarité.

Les dirigeants doivent chercher des gens qui ont la capacité de travailler en étroite collaboration avec eux sans devenir familiers.

Chapitre 8

Quatre groupes qui sont prédisposés à la familiarité

Les dirigeants doivent détecter la familiarité dans les groupes qui lui sont prédisposés. Certaines personnes ont plus tendance à être familiers et présomptueux.

1. **Les personnes qui interagissent fréquemment avec le dirigeant sont prédisposées à la familiarité.**

   [...] **D'où lui viennent ces choses ? Quelle est cette sagesse qui lui a été donnée, et comment de tels miracles se font-ils par ses mains ? N'est-ce pas le charpentier, le fils de Marie, le frère de Jacques, de Joses, de Jude et de Simon ? Et ses sœurs ne sont-elles pas ici parmi nous Et il était pour eux une occasion de chute.**

   Marc 6 : 2,3

2. **Les personnes qui en savent trop sur le responsable sont prédisposées à la familiarité.**

   Où les gens savaient beaucoup de choses sur Jésus et sa famille, Il était incapable d'accomplir des miracles. Ils ne Le voyaient que comme un charpentier. Ils L'avaient connu comme un frère de leurs amis. Ils L'avaient connu comme fils de Marie. Ils L'avaient connu comme un apprenti charpentier dans l'atelier de Joseph. Comment cet homme, aujourd'hui, pouvait Il prétendre être le Fils de Dieu. C'était absurde. Cependant, Jésus a été reçu dans d'autres villes où ils n'étaient pas familiers avec son passé. Aujourd'hui, Jésus est accueilli dans le monde entier avec foi et espoir, car nous n'avons pas le problème de savoir ce qu'il fit dans sa ville natale. C'est pourquoi tous les responsables doivent maintenir un degré de mystique autour d'eux. Moins les personnes connaîtront les réalités privées et indécentes de votre vie et vos problèmes, plus ils seront en mesure de recevoir de vous.

Il ne put faire là aucun miracle, si ce n'est qu'il imposa les mains à quelques malades et les guérit.

Marc 6 : 5

3. **Les amis du leader sont prédisposés à la familiarité.**

L'amitié de Jésus avec ses disciples l'exposa à la familiarité de Pierre. Un jour, Jésus demanda à Pierre son opinion sur son ministère. Cette question montre combien Jésus était détendu en compagnie de ses disciples.

Malheureusement, Pierre a fait une pas de travers presque immédiatement et a commencé à Le reprendre, Le corriger et à instruire Jésus sur les plans futurs de Son ministère. Les amis proches peuvent faire un pas de travers quand ils prennent le privilège de la proximité pour acquis.

Et vous, leur dit-il, qui dites-vous que je suis ? Simon Pierre répondit : Tu es le Christ, le Fils du Dieu vivant.

Jésus, reprenant la parole, lui dit :

Tu es heureux, Simon, fils de Jonas ; car ce ne sont pas la chair et le sang qui t'ont révélé cela, mais c'est mon Père qui est dans les cieux.

Mathieu 16 : 15-17

4. **Les gens qui ont été promus sont prédisposés à la familiarité.**

Parfois, quand les gens ont une petite promotion, ils se sentent les égaux de leurs aînés et enseignants. Cela est regrettable.

Tout le monde ne supporte pas la promotion, l'élévation sociale et les bénédictions. Malheureusement, la promotion corrompt et détruit plusieurs personnes. Après notre diplôme, l'école de médecine nous a remis un certificat qui nous rappelait de ne pas devenir familiers. La première déclaration de cette attestation affirme, « je ferai preuve de respect envers mes professeurs [...] »

Pierre a été promu et est devenu le chef de l'Église. Il a immédiatement commencé à dépasser les limites, faisant des reproches au Seigneur et Lui interdisant de mourir sur la croix.

Il avait un meilleur plan pour le salut de ce monde. Pierre réprimanda Dieu après qu'Il l'eut promu. C'est peut-être pour cette raison que le Seigneur lui a permis d'être humilié devant les autres disciples.

La nomination de Pierre

Et moi, je te dis que tu es Pierre, et que sur cette pierre je bâtirai mon Église, et que les portes du séjour des morts ne prévaudront point contre elle.
Matthieu 16 : 18

Pierre adressa des reproches à Dieu après sa nomination

Pierre, l'ayant pris à part, se mit à le reprendre, et dit : À Dieu ne plaise, Seigneur ! Cela ne t'arrivera pas.
Mais Jésus, se retournant, dit à Pierre : Arrière de moi, Satan ! tu m'es en scandale ; car tes pensées ne sont pas les pensées de Dieu, mais celles des hommes.
Mathieu 16 : 22-23

Chapitre 9

Douze signes de familiarité

1. La familiarité est démontrée lorsque quelqu'un fait un commentaire sur des choses qu'il ne comprend pas.

> Pierre, l'ayant pris à part, se mit à le reprendre, et dit : À Dieu ne plaise, Seigneur ! Cela ne t'arrivera pas.
>
> Matthieu 16 : 22

Le fait que votre chef ait discuté avec vous de choses personnelles ne signifie pas que vous devez sortir de l'ordre établi.

Un jour, quelqu'un fit une remarque sur le type de nourriture que je mangeais à la maison. À une autre occasion, j'ai entendu un commentaire à propos du chat dans ma maison. Puis, à une autre occasion, j'ai entendu un commentaire à propos de la nourriture dans mon frigo.

Si un collaborateur fait des commentaires à propos de certaines choses personnelles sans y être invité, il montre un certain niveau de familiarité.

2. La familiarité est visible quand quelqu'un trouve des défauts au dirigeant, dans sa fonction et sa personne.

Les gens familiers vous jugent d'une manière charnelle et humaine. Jésus a été jugé par les habitants de sa ville. Ils ont scruté Sa famille, Ses frères, Ses sœurs et Sa profession. Parce que les gens de Nazareth étaient familiers avec Jésus-Christ et Sa famille, ils ont trouvé des reproches à Lui faire.

« [...] D'où lui viennent ces choses ? Quelle est cette sagesse qui lui a été donnée, et comment de tels miracles se font-ils par ses mains ? N'est-ce pas le charpentier, le fils de

Marie, le frère de Jacques, de Joses, de Jude et de Simon ? Et ses sœurs ne sont-elles pas ici parmi nous ? Et il était pour eux une occasion de chute. » (Marc 6 : 2-3).

Les frères de Jésus ne croyaient pas en lui pour des raisons évidentes. Il était leur propre frère. « Car ses frères non plus ne croyaient pas en lui. » (Jean 7 : 5).

3. **La familiarité est démontrée quand quelqu'un tente de corriger son chef.**

   Pierre, l'ayant pris à part, se mit à le reprendre, et dit : À Dieu ne plaise, Seigneur ! Cela ne t'arrivera pas.

   Matthieu 16 : 22

   Pierre a commencé à se sentir « excessivement libre » après qu'il ait été dit « ce ne sont pas la chair et le sang qui t'ont révélé cela. »

   Il a pensé qu'il pouvait maintenant corriger Jésus. Bien que chaque dirigeant doive être corrigé, un subordonné n'est pas qualifié pour le faire.

4. **La familiarité est affichée lorsque quelqu'un essaye de diriger et de contrôler son leader.**

   Pierre, l'ayant pris à part, se mit à le reprendre, et dit : À Dieu ne plaise, Seigneur ! Cela ne t'arrivera pas.

   Matthieu 16 : 22

   Jésus s'était très vite rendu compte que Pierre était en dehors de l'ordre établi. Pierre a commencé à faire des déclarations au sujet du ministère de Jésus. Pierre pensait que son amitié avec le Christ lui donnait le pouvoir de diriger et de corriger Jésus. Peut-être pensait-il que Jésus voulait maintenant qu'il Lui donne des directives.

5. **La familiarité est apparente quand quelqu'un utilise des privilèges sans les demander.**

Le roi David avait une mule qui était le symbole de son autorité et de son pouvoir Royal. Toute personne assise sur cette mule était en charge d'Israël. Quand David a voulu montrer au monde que Salomon était le Roi légitime, il a demandé que soit donné à Salomon le privilège de monter sur sa mule.

C'était peut-être une petite chose mais c'était suffisant pour envoyer à toute la ville le message que Salomon était l'héritier légitime de David.

Les privilèges symboliques sont importants parce qu'ils aident les employés et les associés à se rappeler leur position réelle. Toute personne qui transgresse ces privilèges est devenue familière.

Et le roi leur dit : Prenez avec vous les serviteurs de votre maître, faites monter Salomon, mon fils, sur ma mule, et faites-le descendre à Guihon.

1 Rois 1 : 33-35

Alors le sacrificateur Tsadok descendit avec Nathan le prophète, Benaja, fils de Jehojada, les Kéréthiens et les Péléthiens; ils firent monter Salomon sur la mule du roi David, et ils le menèrent à Guihon.

Le sacrificateur Tsadok prit la corne d'huile dans la tente, et il oignit Salomon. On sonna de la trompette, et tout le peuple dit : Vive le roi Salomon !

Tout le peuple monta après lui, et le peuple jouait de la flûte et se livrait à une grande joie; la terre s'ébranlait par leurs cris.

1 Rois 1 : 38-40

Chaque fois que les gens traitent à la légère les privilèges de leurs dirigeants, ils affichent une familiarité dangereuse ! Chevaucher la mule de David était d'une symbolique si puissante que tout le monde savait qui était le roi légitime.

Méfiez-vous des gens qui traitent à la légère vos privilèges symboliques. Elles révèlent le développement d'une subtile arrogance envers l'autorité.

Assis dans mon fauteuil

Une fois, je suis entré dans mon bureau et y ai trouvé un jeune pasteur qui tenait une réunion avec d'autres pasteurs. Il était assis dans mon fauteuil, derrière mon bureau et tout le monde était assis autour de lui.

Il conduisait la réunion tout comme j'ai l'habitude de le faire.

Dès que je l'ai vu, j'ai su que quelque chose n'allait pas. Quelque chose n'était pas normale.

Je lui aie tout de suite dit : « Ne vous asseyez plus jamais sur ce fauteuil.

Ne vous asseyez plus jamais derrière ce bureau ! » Puis j'ai dit à tout le monde, « Si je ne suis pas présent, personne ne devrait jamais s'assoir derrière mon bureau ou sur mon fauteuil. »

Et en effet, au cours des années suivantes, ce jeune homme est devenu orgueilleux et rebelle. Son attitude nonchalante envers ma position privilégiée a été une révélation de sa nature profondément pleine d'orgueil et rebelle.

6. **La familiarité est visible quand quelqu'un utilise des privilèges sans les demander.**

7. **La familiarité est visible quand quelqu'un entre librement dans votre chambre ou votre bureau sans frapper.**

8. **La familiarité se manifeste lorsque quelqu'un bâille et dort quand vous prêchez, enseignez ou donnez une conférence.**

Les prédicateurs et les enseignants doivent se méfier du bâillement, en particulier lorsque les bâillements surviennent au début du message.

Méfiez-vous de « ceux qui baillent prématurément », ils sont généralement atteints de familiarité. Ces gens pensent qu'ils savent ce que vous allez dire. Ils vous connaissent et ils savent ce que vous avez l'habitude de dire !

En réalité, ils ont développé une attitude de familiarité envers vos sermons, vos CD, vos DVD et vos écritures.

9. **La familiarité est manifestée quand quelqu'un se promène, parle et discute alors que vous prêchez.**

10. **La familiarité est révélée quand quelqu'un est grossier.**

Les enfants d'Israël s'étaient habitués à Moïse, même s'il était un très grand prophète. Korah le défia ouvertement, en soulignant ses défauts. Seules les gens familiers oseraient être impolis envers quelqu'un comme Moïse. C'est cette arrogance qui se développe avec des gens qui sont *trop familiers avec la grandeur.*

Ils s'assemblèrent contre Moïse et Aaron, et leur dirent : C'en est assez ! Car toute l'assemblée, tous sont saints, et l'Éternel est au milieu d'eux. Pourquoi vous élevez-vous au-dessus de l'assemblée de l'Éternel ?

Nombres 16 : 3

11. **La familiarité est affichée lorsque quelqu'un est impoli envers les personnes que vous déléguez.**

Moïse envoya appeler Dathan et Abiram, fils d'Éliab. Mais ils dirent : Nous ne monterons pas.

Nombres 16 : 12

Moïse envoya à quelqu'un appeler Dathan et Abiram.

Mais ils ont refusé de venir quand Moïse les a appelés à une réunion. Ils ont dit clairement : « Nous ne viendrons pas. » Ce genre d'incivilité est ce que vous rencontrez chez les gens présomptueux souffrant de familiarité.

Il n'y avait pas de plus grand prophète que Moïse. Il n'y avait pas de prophète qui dispensait de tels enseignements et écritures. Il n'y avait pas de prophète qui avait de tels signes et prodiges.

Et pourtant, il y avait des gens qui n'avaient pas peur d'être rudes envers lui ou envers les gens qu'il avait délégués. En effet, certains gens sont trop familiers avec la grandeur.

12. La familiarité est démontrée quand quelqu'un élève la voix contre vous.

Chapitre 10

Sept manières de faire face à la familiarité

1. **Abordez et affrontez toutes les formes de familiarité de toute urgence.** Remettez les subordonnés qui se placent hors de l'ordre établi à leur propre place.

Mais Jésus, se retournant, dit à Pierre : Arrière de moi, Satan ! tu m'es en scandale ; car tes pensées ne sont pas les pensées de Dieu, mais celles des hommes.
Matthieu 16 : 23

Pierre commença à se sentir excessivement libre. Il est devenu présomptueux et sortit de l'ordre établi. Il présuma qu'il pouvait corriger Jésus. Pierre pensait que son amitié avec Christ lui donnait le pouvoir de diriger et de corriger Jésus.

Pierre pensait que sa conversation avec Jésus faisait de lui quelqu'un dont l'opinion devait être acceptée par Jésus.

Mais Jésus l'a mis à sa place rapidement. Jésus se changea subitement d'un aimable et bienveillant Jésus en un Jésus fort et dur.

Rapidement, il remit Pierre à sa place.

Pourquoi Jésus s'était Il transformé d'un aimable et bienveillant Jésus en un Jésus d'acier ? Pourquoi a t-Il adressé des reproches à son ami et associé, de la manière la plus sévère possible ? Pourquoi a t-il appelé Pierre « Satan » ?

Pensez-y ! Il avait besoin de remettre Pierre à sa place de toute urgence. Jésus aborda et affronta la familiarité avec la plus grande urgence.

2. Évitez les endroits où vous êtes tolérés et allez dans des endroits où vous êtes célébrés.

Évitez les programmes auxquels les gens se sont habitués.

Évitez les endroits où les gens ne vous apprécient pas.

L'église qui m'a toléré

Une fois, j'ai rendu visite à une église et y ai puissamment exercé mon ministère. Après le service, j'ai participé aux protocoles habituels. En disant au revoir à mes hôtes, j'ai senti que j'avais été toléré et pas vraiment apprécié. J'étais tellement sûr de ce que je ressentais que je décidais intérieurement, tout en disant au revoir à mes hôtes, que je n'y retournerai jamais, même s'ils m'invitaient.

Jésus Christ a donné l'exemple de la maîtrise de la familiarité. Nous Le voyons quitter le terrain connu et Se diriger vers le non-familier, où l'on ne sait rien de Lui.

Là, Il sera célébré et beaucoup de grands miracles auront lieu. Lisez vous-même et voyez comment Jésus a reconnu le syndrome mortel de la familiarité et s'est volontairement éloigné de lui.

Jésus évita Nazareth et se dirigea vers d'autres endroits

Jésus partit de là, et se rendit dans sa patrie. Ses disciples le suivirent.

Quand le sabbat fut venu, il se mit à enseigner dans la synagogue. Beaucoup de gens qui l'entendirent étaient étonnés et disaient : D'où lui viennent ces choses ? Quelle est cette sagesse qui lui a été donnée, et comment de tels miracles se font-ils par ses mains ?

N'est-ce pas le charpentier, le fils de Marie, le frère de Jacques, de Joses, de Jude et de Simon ? Et ses sœurs ne sont-elles pas ici parmi nous ? Et il était pour eux une occasion de chute.

Mais Jésus leur dit : Un prophète n'est méprisé que dans sa patrie, parmi ses parents, et dans sa maison.

Il ne put faire là aucun miracle, si ce n'est qu'il imposa les mains à quelques malades et les guérit.

Et il s'étonnait de leur incrédulité. JÉSUS PARCOURAIT LES VILLAGES D'ALENTOUR, EN ENSEIGNANT.

Marc 6 : 1-6

3. Évitez la familiarité en faisant une distinction claire entre les différents statuts des dirigeants.

Remarquez comment Jésus s'est assis sur le dos de l'âne, alors que les disciples marchaient. Jésus n'a pas pris à son service douze ânes afin qu'ils puissent tous avoir des ânes. Remarquez comment Jésus dormait dans le bateau tandis que les disciples ramaient et travaillaient dur.

Parfois, ces différences sont nécessaires pour tuer l'esprit de familiarité. Ne vous sentez pas gêné d'introduire les différences nécessaires. Ce sont ces différences qui peuvent sauver vos disciples de la familiarité.

4. Évitez la monotonie et la répétitivité dans votre ministère.

Introduisez de nouvelles idées dans vos programmes. *La monotonie fait naître la familiarité*. Ne faites pas toujours ce que les gens présument que vous allez faire.

La répétitivité, l'ennui et l'uniformité sont des contextes parfaits pour la familiarité. Les mêmes sermons, de la même manière, par la même personne, à la même heure ont un pouvoir d'incubation de la familiarité.

Lorsque les gens voulaient que Jésus vienne dans leur ville pour prêcher de la manière habituelle, il refusa d'entrer dans leur schéma monotone et décida d'aller à la ville suivante.

Il savait que bientôt ils bâilleraient tandis qu'il prêchait. Il savait que, bientôt, ils discuteraient derrière la chaire alors qu'Il prêchait.

Il savait que les gens tiendraient des petites conversations, plaisanteraient pendant Ses prêches, mais qu'ils se redresseraient subitement lorsque Son regard tomberait sur eux.

Jésus décida sagement de voyager au loin, vers de nouveaux territoires.

Il est bon d'avoir des programmes annuels, mais il est parfois nécessaire de briser les habitudes monotones.

Et, quand ils l'eurent trouvé, ils lui dirent : Tous te cherchent. Il leur répondit : Allons ailleurs, dans les bourgades voisines, afin que j'y prêche aussi ; car c'est pour cela que je suis sorti. Et il alla prêcher dans les synagogues, par toute la Galilée et il chassa les démons.

Marc 1 : 37-39

Les gens qui insistent pour que vous fassiez ce que vous avez toujours fait sont ceux qui deviennent familiers.

C'est parce que les gens savent ce que vous allez faire qu'ils deviennent familiers. Rappelez-vous : trop de connaissance engendre la familiarité. Parfois, une réunion de prière ou une session d'adoration à la place du sermon attendu aidera à briser la familiarité.

5. Enseignez au sujet de la familiarité.

L'ignorance est le lieu de reproduction de l'activité démoniaque.

L'enseignement sert toujours à empêcher le développement de chancres malins dans le ministère. L'enseignement est le plus grand outil afin de prévenir le développement de la familiarité dans les rangs.

6. Enseignez contre la présomption.

La présomption est la prétention arrogante que des privilèges doivent vous être accordés. Les gens qui supposent qu'ils ont droit à certains privilèges se plaignent et bougonnent à propos de choses qui sont de grands privilèges pour d'autres personnes.

Les enfants gâtés se plaignent de ne pas avoir certains jouets ou jeux, alors que de nombreux autres enfants vivent dans le désert, espérant un repas qui les garderait en vie.

De même, les ministres « gâtés » se plaignent de choses que les autres seraient heureux d'avoir.

Dites aux gens la valeur des privilèges qu'ils ont. C'est quand les gens ne connaissent pas la valeur de quelque chose qu'ils développent des attitudes d'ingratitude et de rébellion.

7. **Enseignez aux gens à avoir une attitude de gratitude envers toute chose.**

Vous devez apprendre aux gens à être heureux à chaque minute. C'est ce que la Bible enseigne. Vous devez apprendre aux gens à être reconnaissants *parce que c'est un signe de la présence de l'Esprit Saint.*

Les gens qui sont remplis d'esprits mauvais ne sont pas reconnaissants. Les gens qui sont remplis d'esprits mauvais se plaignent et bougonnent tout le temps.

« Ne vous enivrez pas de vin : c'est de la débauche. Soyez, au contraire, REMPLIS DE L'ESPRIT ; entretenez-vous par des psaumes, par des hymnes, et par des cantiques spirituels, chantant et célébrant de tout votre cœur les louanges du Seigneur; RENDEZ CONTINUELLEMENT GRACES pour toutes choses à Dieu le Père, au nom de notre Seigneur Jésus Christ, » (Éphésiens 5 : 18-20).

Vous devez apprendre aux gens à *être reconnaissants, même en de mauvaises circonstances.* « Rendez grâces en toutes choses, car c'est à votre égard la volonté de Dieu en Jésus Christ. » (1 Thessaloniciens 5 : 18).

Les livres de
Dag Heward-Mills

1. Loyauté et déloyauté
2. Loyauté et déloyauté - Ceux qui vous accuse
3. Loyauté et déloyauté - Ceux qui sont des fils dangereux
4. Loyauté et déloyauté - Ceux qui sont ignorant
5. Loyauté et déloyauté - Ceux qui oublient
6. Loyauté et déloyauté - Ceux qui vous quittent
7. Loyauté et déloyauté - Ceux qui prétendent
8. La croissance de l'Eglise
9. L'implantation de l'Eglise
10. La méga église (2ème Edition)
11. Recevoir l'onction
12. Etapes menant à l'onction
13. Les douces influences de l'onction
14. Amplifiez votre ministère par les miracles et les manifestations du Saint Esprit
15. Transformer votre ministère pastoral
16. L'art d'être berger
17. L'art de leadership (3ème Edition)
18. L'art de suivre
19. L'art de ministère
20. L'art d'entendre (2ème Edition)
21. Perdre, Souffrir, Sacrifier et Mourir
22. Ce que signifie devenir berger
23. Les dix principales erreurs que font les pasteurs
24. Car on donnera à celui qui a et à celui qui n'a pas on ôtera même ce qu'il a
25. Pourquoi les chrétiens qui ne paient pas la dime deviennent pauvres et comment les chrétiens qui paient la dime peuvent devenir riches.
26. La puissance du sang
27. Anagkazo
28. Dites-leur
29. Comment naître de nouveau et éviter l'enfer
30. Nombreux sont appelés
31. Dangers spirituels
32. La Rétrogradation
33. Nommez-le! Réclamez-le ! Prenez-le !
34. Les démons et comment les affronter
35. Comment prier
36. Formule pour l'humilité
37. Ma fille, tu peux y arriver
38. Comprendre le temps de recueillement
39. Ethique ministérielle (2ème Edition)
40. Laikos

Obtenez votre copie en ligne aujourd'hui à
www.daghewardmills.fr

Facebook: Dag Heward-Mills
Twitter: EvangelistDag

www.ingramcontent.com/pod-product-compliance
Lightning Source LLC
Chambersburg PA
CBHW060358050426
42449CB00009B/1793